Amando A Nuestros Hijos A Propósito

Amando A Nuestros Hijos A Propósito

Conectando de
Corazón a corazón

Danny Silk

 A no ser que se especifique otra cosa, las citas bíblicas están tomadas de la antigua versión de Casiodoro de Reina (1569), revisada por Cipriano de Valera (1602), revisión de 1960.

ISBN 10: 0-9833-8954-3

ISBN 13: 978-0-9833895-4-5

Traducción al castellano: Marta Merino Mateos
Revisión: Alejandro Martínez Muñoz

Para obtener más libros o información sobre otros libros y recursos del autor, visita por favor www.lovingonpurpose.com

Impreso en Estados Unidos de América

Dedicatoria

Este libro está dedicado a mis hijos: mi hija mayor, Brittney y su esposo, Ben; mi hijo mayor, Levi; y mi hijo más divertido, Taylor. Todos han hecho aflorar lo mejor de mí. Amo a cada uno plenamente, con todo mi corazón.

AGRADECIMIENTOS

Mi Escogida, Sheri Me has ayudado a convertirme en el hombre que siempre deseé ser. ¡Te amo!

Bill y Beni Johnson No hay nadie en este planeta que haya reestructurado mi mundo interior tan completamente ni haya impactado mi legado como lo habéis hecho vosotros dos. ¡Gracias!

Kris y Kathy Vallotton ¿A quién acude el consejero cuando su matrimonio está en problemas? A sus mejores amigos. Gracias por haber estado ahí siempre para nosotros.

John y Sandy Tillery Habéis impartido a mi vida el amor por la comunidad y el servicio. Me enseñasteis que "secular" no existe. Me mostrasteis lo grande que se vuelve la aventura de la vida cuando derramo mi vida por todo el mundo. ¡Gracias!

Iglesia Mountain Chapel, Weaverbille, California Acogisteis a un chiquillo y le convertisteis en un hombre. ¡Gracias!

Iglesia Bethel, Redding, California Cogisteis este hombre y estáis cambiando el mundo con él. Gracias por enviarme por todo el globo.

Allison Armerding Haces que parezca un genio. ¡Gracias!

Reconocimientos

Es muy difícil promocionar el ministerio de Danny Silk sin parecer que tengo la necesidad de exagerar. Lo cierto es, en el círculo en el que me muevo, que no tiene parangón. Su discernimiento le da acceso a dónde se originan los obstáculos a la paz y la bendición de las relaciones y, al mismo tiempo, debido a su sabiduría, tiene la capacidad de ser un "constructor de familias" y un "arquitecto de relaciones". Recomiendo a Danny y todo su material encarecidamente como ayuda para que se cumpla lo mejor que Dios tiene para tu vida.

- Bill Johnson
Líder Principal, Iglesia Bethel
Redding, California

Conozco a Danny desde hace más de 25 años. De todos a quienes he conocido a lo largo de mis 30 años trabajando con personas, él tiene la capacidad más impresionante de entender la raíz de los problemas sociales y de comportamiento. Nuestro equipo lleva bastante tiempo animándole a que escriba este libro ya que su sabiduría atemporal debe ser impartida a las masas.

Pero, atención al lector: El conocimiento de Danny frecuentemente destroza antiguas formas de pensar religiosas y libera a la gente de la esclavitud del cautiverio espiritual. Te encontrarás riendo y llorando al entrar en nuevos paradigmas relacionales a medida que te das de bruces con su espada. Sus historias capturarán tu corazón; su sabiduría te asombrará; y su vida te cambiará para siempre. Todo el mundo debe leer este libro, tenga o no hijos.

- Kris Vallotton
Pastor Principal Asociado de la Iglesia Bethel
Cofundador de la Escuela de Ministerio Sobrenatural de Bethel
Autor de *De Mendigo a Príncipe y*
Desarrollando un Estilo de Vida Sobrenatural

Como director de instituto, tuve el privilegio de ver a Danny Silk en acción tanto con mi personal como con los padres. Cuando Danny y yo nos conocimos, yo estaba a punto de perder los estribos ya que estaba harto de aconsejar a padres dolidos que trataban con los síntomas de las relaciones rotas mientras ignoraban lo que los causaban. *Amando a Nuestros Hijos a Propósito* es una herramienta poderosa que describe el porqué, pero también da una aplicación honesta y práctica sobre el cómo deberíamos educar a nuestros hijos en un entorno que permita que sus destinos se cumplan. Ser padres es el mayor llamado de nuestras vidas y, a la vez, la tarea más difícil a la que jamás nos enfrentaremos. La capacidad y honestidad de Danny a la hora de contar historias con las que todos los padres se ven identificados muestran, a través del ejemplo, cómo el nuevo pacto que Dios ha hecho con nosotros se aplica a la paternidad y nos permite alimentar una relación correcta con nuestros hijos por medio del amor en vez del temor.

He visto de primera mano cómo esto ha funcionado en mi escuela, donde padres e hijos volvieron a hacer que sus corazones conectasen, haciéndose evidentes los frutos del amor y la paz en sus vidas. Este libro debería ser de lectura obligatoria para cada padre, profesor, trabajador social o cualquiera que tenga conexión con los niños y sus familias. Las revelaciones de Danny son herramientas para tener éxito a la hora de alcanzar nuestra meta más importante, educar hijos que cumplan con el destino que Dios tiene para ellos.

- Chris Adams
Administrador de los Servicios Educativos
Distrito de la Unión de Institutos de Shasta
Redding, California

Mi amigo Danny Silk por fin ha traído su revelación y sus dones imprimiéndolos para ponerlos al servicio de la paternidad efectiva y saludable consiguiendo familias fuertes y funcionales. Con el tema tremendamente bíblico de la educación de los hijos y haciendo hincapié en los asuntos y conexiones del corazón, Danny presenta un ejemplo desafiante de cómo el Reino de Dios es el Reino de las relaciones correctas.

En última instancia, Danny demuestra de manera convincente que nosotros, los padres, somos responsables de construir y nutrir entornos hogareños de amor, respeto, honor y libertad que no estén manchados por el temor, el control, el perfeccionismo o la sobrerreacción ante los errores. Danny nos guía de manera sistemática para mostrarnos cómo el hecho de proporcionar un marco de decisiones correctas y de promover disciplina interior en nuestros hijos – enseñándoles a responsabilizarse de sus problemas para poder hallar soluciones – desemboca en la formación de su carácter cristiano. Danny ofrece los planos para equiparnos con herramientas sobre la paternidad con un propósito: disciplinar para conseguir una actitud y una relación en vez de la distracción de ir a la caza del mal comportamiento; favoreciendo el amor y la conexión de corazón por encima de la conformidad irreflexiva; y educar a nuestros hijos para que naveguen en las aguas de la libertad y de la oportunidad mediante el intercambio responsable de poder y control para que no crezcan ajenos a tales elementos y, por lo tanto, se conviertan en presa fácil para un mundo repleto de malas opciones.

- André Van Mol, Doctor
Médico de Familia

A Danny Silk le apasiona ayudar a que las familias consigan su mayor potencial mediante una comunicación amorosa. Es un orador innovador y divertidísimo, que enseña las verdades de Dios sobre el amor, el honor y el respeto de manera fácilmente digerible a audiencias tanto cristianas como seculares. Sheri, su esposa igualmente sabia y divertida, frecuentemente se une a él en conferencias y presentaciones, un dinámico dúo de dos por uno.

He sido consejero durante más de 40 años y sigo recogiendo nuevas revelaciones sobre las sanas interacciones familiares cada vez que escucho a Danny. Ha compartido en iglesias, escuelas y entornos comunitarios a nivel local, nacional e internacional. Su material y apariciones no deben ser ignorados.

- Kay Morris Long, MS.W.
Trabajador Social Clínico Licenciado

Danny Silk es un pastor sorprendente y un sabio maestro pero, por encima de todo, ha sido un gran amigo para mí. Puedo decir con orgullo que ha sido una de las personas que ha tenido un mayor impacto en mi vida, especialmente debido a que sus conceptos sobre el amor, el honor, el respeto y la libertad no son solo cosas que enseña sino la forma en la que vive.

La transformación parece ser su palabra favorita. He aprendido de él cómo salir de las relaciones basadas en el temor y en el control para entrar en un verdadero amor y libertad. Aun mi matrimonio, familia y toda mi iglesia han sido transformados.

Estoy seguro de que *Amando a Nuestros Hijos a Propósito* va a ofrecer gran luz al lector no solo sobre cómo educar a sus hijos, sino también sobre cómo relacionarse los unos con los otros. Pero lo más importante en este libro son verdades que te permitirán levantar una generación de hijos libres y poderosos, algo que verdaderamente necesitamos en este mundo.

Amando a Nuestros Hijos a Propósito es un libro que todo padre, maestro y pastor debería leer.

- Ángel Nava
Pastor Principal, Semillas de Vida
La Paz, México

No hay suficientes recetas, contratos de comportamiento o centros de detención juvenil que puedan tomar el lugar de *Amando a Nuestros Hijos a Propósito*. Gracias, Danny Silk, por darnos una guía práctica para traer el amor perfecto de Dios a nuestros jóvenes. Si, como comunidad cristiana que somos, no somos capaces de conectar con nuestros jóvenes de manera significativa y amorosa, todo está perdido. Trata a los jóvenes como si fuesen un problema y lo serán. Trátalos como hijos de Dios y se verán los frutos en décadas venideras.

- Christine M. Lewn, EdD
Administradora del Distrito de Institutos

Danny Silk es un sobresaliente maestro y narrador. Reirás y te sentirás agradablemente sorprendido mientras Danny abre tus ojos ante una perspectiva peculiar trayendo el amor de Dios como actitud prevalente para disciplinar y criar a tus hijos. Vas a recibir herramientas específicas, al igual que numerosos ejemplos, para recalcar las actitudes y los conceptos que Dios ha enseñado a Danny a través de su propio viaje personal como padre. El mayor beneficio de todos es que vas a escuchar una y otra vez sobre la bondad de Dios y sobre cómo ver las relaciones familiares a través de los ojos del amor de Dios.

- Barry Byrne, MS
Terapeuta Licenciado de Matrimonios & Familias
Presidente, Living Strong, Inc.

Amando a Nuestros Hijos a Propósito ha sido una fuente de vida para nuestra familia. Ha traído paz a la tarea de ser padres. Es el manual con el que deberían venir los hijos.

- Anthony y Jenney Mason
Padres de tres hijos

Danny ha impactado grandemente nuestra cultura. Servicios de Cuidados COMPASS tiene más de 120 individuos contratados y sus enseñanzas han dado a nuestro equipo un claro entendimiento sobre valores como la libertad personal y la responsabilidad. Nuestros supervisores han recibido herramientas poderosas para transmitir estima a sus subordinados y, al mismo tiempo, responsabilizarles de sus decisiones. Los conceptos y mensajes de Danny impactaron de tal manera a nuestros empleados que tres meses después siguen utilizando "Dannismos". Vamos a invitarlo una y otra vez para poder entresacar más de su sabiduría y pericia.

- Eric Hess
Servicios de Cuidados CEO COMPASS
Dublin, California

Como madre soltera y propietaria de un negocio, se podría decir que tengo algo de estrés en mi vida. Estoy tan agradecida por Danny y por su libro: Mi hogar ha pasado de ser un lugar de caos y confusión a un lugar de paz y amor. Estoy implementando todo lo que he aprendido en su material diariamente y he pasado de tener relaciones con mis hijos llenas de ira y dolor a relaciones divertidas, amorosas y de corazón. Nunca pensé que podría "enamorarme" de verdad de mis hijos a causa de toda la rabia e ira que llevaba dentro. Ver de dónde venimos y dónde estamos hace que las lágrimas broten de mis ojos.

- Dina Gifford
Madre de tres hijos

Me encanta este estilo de educar hijos; ya es "divertido" estar con nuestros hijos y ya toman decisiones sorprendentes. Puedo llevarlos donde sea sin experimentar fastidio ni frustración. De hecho, me gusta ir de compras con mis hijos. Siempre oigo cosas buenas cuando Aiden va a las casas de sus amigos a jugar porque está tomando decisiones fantásticas a pesar de tener solo 4 años. Le encanta contarme las decisiones que toma y se pone muy orgulloso cuando toma decisiones que lo hacen ser una persona con la que es divertido estar. Gracias Danny, por toda tu maravillosa revelación, conocimiento y ayuda.

- Christie Farrelly
Madre de tres hijos

Cuando estaba preparando a mi hija para el colegio la semana pasada, grité, "¡Date prisa!" A lo que mi hija de casi tres años respondió, "No está siendo muy divertido estar contigo, mamá". En ese mismo momento me di cuenta de que estaba funcionando.

- Jenn Johnson
Madre de tres hijos

Amando a Nuestros Hijos a Propósito hizo que trajésemos nuestras muy diferentes maneras de educar a nuestros hijos (cada una producida por unas experiencias familiares nada parecidas) a la manera del uno o del otro. Ahora, tan solo tenemos "nuestra" manera. Menudo gozo es trabajar con el mismo libro de juegos.

Hemos hecho las series varias veces, tanto juntos como por separado. Lo divertido de estas herramientas, es que los principios funcionan para todas las edades, por lo que prepárate para tener una relación más saludable con todos los que te rodean.

- Aaron Krisann Gentry
Padres recientes

Lo que me gusta de mis hijos es el tremendo valor que tienen por sí mismos. En sus mentes, todos los adultos deberían tener el mismo tremendo valor que ellos. Atribuyo esto a *Amando a Nuestros Hijos a Propósito* y a Danny y Sheri Silk.

- Anna Ladd
Madre de tres hijos

Estoy tan agradecido por las herramientas y principios enseñados en *Amando a Nuestros Hijos a Propósito*. Además de tener grandes técnicas, me encanta la mentalidad que promueve un entorno seguro para que mis hijos aprendan y crezcan ahora para que puedan tomar sabias decisiones durante el resto de sus vidas. Gracias por ofrecernos un medio para educar a mis hijos con respeto y honor, es incalculable.

- Jerome y Amanda Evans
Padres de dos hijos

Al empezar un nuevo matrimonio cada uno, mi esposo y yo tuvimos mucha limpieza que hacer en el departamento de educación de hijos. Varios años (¡e hijos!) después, podemos ver el fruto de *Amando a Nuestros Hijos a Propósito* en nuestras conexiones diarias recíprocas y con cada uno de nuestros hijos. Desde el de 3 años hasta el de 23, hemos podido establecer relaciones impulsadas por un deseo de conectar y no por la calamidad de "tu", "mi" y "nuestro" que persigue a tantas familias mixtas.

- Eric y Angela Brooks
Padres de siete hijos

Los principios de *Amando a Nuestros Hijos a Propósito* han traído paz a nuestro estilo de educación. Ha hecho que ser padres sea un gozo y estar con nuestros hijos, divertido.

-Ian y Jennifer Kilpatrick
Padres de cuatro hijos

La semana pasada, mi hija de cuatro años, Maci, se negaba a vestirse para ir al colegio y estaba teniendo una rabieta. Le dije que no me importaba si no se quería vestir pero que, si no lo había hecho a las 8:08 a.m., la llevaría al cole en pijama. Inmediatamente paró su rabieta, se vistió y se metió en el automóvil dispuesta a salir. Gracias, Danny, por toda tu sabiduría y ayuda a la hora de ser padres. Te queremos, y Maci también.

- Heather Ferrante
Madre de dos hijos

Este estilo de educación tiene todo que ver con la libertad. Aprender cómo dejar que tus hijos piensen por sí mismos, y se controlen y responsabilicen de sus propias decisiones, es muy liberador cuando eres padre. Haciéndolo, me he dado cuenta de lo verdaderamente asombrosos y capaces que son mis hijos

- Christine Boring
Madre de dos hijos

Cuando eres padre, hay momentos en los que te preguntas, "¿Lo estaré haciendo bien?" *Amando a Nuestros Hijos a Propósito* nos da las herramientas y la confianza que hacen que te sientas como un genio, y al mirar a tus hijos te das cuenta de que son verdaderamente gigantes del Reino. Gracias, Danny y Sheri.

- Scott y Julie Pewitt
Padres de tres hijos

Amando a Nuestros Hijos a Propósito nos entrena como padres a construir una conexión de amor con nuestros hijos que nos llevará a través de la adolescencia y más allá. Enseñar a nuestros hijos a que tomen buenas decisiones y tengan autocontrol desde pequeños es uno de los regalos más grandes que les podemos dar, y *Amando a Nuestros Hijos a Propósito* nos está enseñando cómo hacer justamente eso.

-Peter y Jennifer Johnston
Padres de tres hijos

Como abuelos, estamos utilizando esta enseñanza también. Nuestros hijos están implementando los principios con sus hijos, por lo que nosotros estamos intentando seguir en su estela cuando estamos a cargo de Judah y Jaron. Ojalá hubiéramos tenido estos principios cuando estábamos educando a nuestros hijos.

- Jeff y Cathy Sampson
Abuelos de dos nietos

ÍNDICE

Prólogo 21

Prefacio 25

Introducción 29

Capítulo 1 El Quid de la Cuestión 31

Capítulo 2 Cambiando Nuestros Filtros de la Verdad 69

Capítulo 3 Protegiendo Tu Jardín 89

Capítulo 4 Opciones 115

Capítulo 5 Protegiendo y Construyendo Conexiones de Corazón 147

Prólogo

Desde que tengo memoria, he considerado que ser padre es el mayor privilegio que hay en la vida. No hay nada comparable con ese honor. Piénsalo: Dios nos confía la vida de otro ser humano para que lo eduquemos para Sus propósitos. Si eso es cierto, entonces educar hijos para Dios es la mayor responsabilidad que tenemos en la vida.

Cuando mi esposa y yo empezamos a tener hijos –y tenemos tres– muchas personas bien intencionadas nos advertían sobre las dificultades que tendríamos a medida que nuestros hijos se hiciesen mayores. Decían cosas como, "Ahora son muy bonitos. Espera a que tengan dos años". Lo llamaban los terribles dos años. Y después era, "Espera a que empiecen a ir al colegio", o, el más popular, "Verás cuando sean adolescentes". Parecía que todos querían advertirnos de los problemas potenciales que íbamos a tener, pero nadie nos daba las respuestas a dichos problemas. Casi parecía que los que habían tenido dificultades a la hora de educar a sus hijos estaban esperando que nosotros también las tuviésemos para así poder sentirse mejor con su experiencia. Éramos jóvenes e inexpertos, ¿quiénes éramos para pensar que podíamos hacerlo mejor?

Beni y yo decidimos muy al principio ignorar tales advertencias, borrarlas de nuestras mentes y afrontar nuestro privilegio de educar hijos como si fuese una tarea divina para la que Él nos había dado todas las herramientas necesarias para hacerlo bien. Observamos cómo cada época en la vida de nuestros hijos traía nuevos desafíos en los que necesitábamos sabiduría divina. Pero también descubrimos que Dios estaba deseoso de impartirnos Su sabiduría. Cada época era peculiar y maravillosa. Celebramos la vida, lloramos ante el fracaso y nos acercamos a cada paso con gran esperanza y propósito. La resolución que tomamos al principio permaneció. Nuestros tres hijos ahora están felizmente casados con hijos propios, y ahora tenemos a los nietos bajo nuestro radar. Cada época es verdaderamente mejor que la anterior.

Frecuentemente decimos a los padres que cada edad es divertida y que sólo mejora con el paso del tiempo. Muchos nos agradecen el mero hecho de darles esperanza, porque aparentemente los que nos advirtieron de las crisis venideras cosecharon lo que sembraron al esparcir temor y terror entre los padres jóvenes aunque lo hicieran pensando que les hacían un favor. Debemos darle la media vuelta a esa manera de pensar. ¡No debería existir en la iglesia!

Aunque no es ningún secreto que la familia como institución está en crisis, también es bien sabido que la restauración de la misma es una de las prioridades de Dios. Eso significa que el Cielo está apostando por nuestro éxito. Pero, ¿cómo? Ahí es dónde Danny Silk entra en escena con *Amando a Nuestros Hijos a Propósito*. Me ha dado esperanza al ver que es verdaderamente posible llevar a cabo la insalvable tarea de la restauración de la familia a nivel nacional.

Es tan difícil describir el alcance y la profunda naturaleza de este libro. La sabiduría de Danny es tremendamente singular. Sí, versa sobre la educación de los hijos. Y sí, se ofrecen herramientas para hacerlo bien. Pero la naturaleza sobrecogedora de este libro es que nos ofrece sabiduría, visión y propósito para poder moldear el curso de la historia del mundo. Es verdad. Danny establece tan firmemente el cuadro general que no lo podrás olvidar. Los principios centrales del Reino de Dios, un Reino de libertad, se convierten en el fundamento de la familia, tu familia.

Jesús dijo que el Reino de Dios está en nosotros. Eso quiere decir que todos los asuntos del Reino son asuntos del corazón. De esto es un experto Danny: del corazón. Llega a la raíz de los asuntos de la vida, capacitando a cada padre para corregir lo necesario para restaurar el propósito y el gozo a la experiencia de la educación de los hijos. Te reirás, llorarás y, seguramente, te arrepentirás al leer este libro. Cada expresión es bienvenida en nuestro deseo de impactar al mundo con las familias del Reino.

He tenido el privilegio de trabajar con Danny durante muchos años. He visto cómo, mediante su influencia, las familias con problemas de generaciones han dado un giro total a su situación en semanas, no en años. El impacto en nuestra comunidad es impresionante. Este libro es tan profundo que desearía poder requerir su lectura a todo creyente, no sólo a los padres. Trata con el corazón, el Reino y nuestro propósito eterno. ¡Disfrútalo!

- Bill Johnson

Prefacio

He estado enseñando sobre la educación de los hijos desde 1991. Todo empezó cuando empecé a indagar buscando un método para enseñar a padres de acogida a disciplinar a los niños sin utilizar el castigo corporal. Nunca había llegado a considerar hasta qué punto se utilizaba el castigo físico para educar a los hijos, o al menos la amenaza de su utilización, hasta que empecé esta búsqueda. Sheri y yo habíamos pegado a nuestra primera hija, Brittney, sin ni siquiera pensar sobre la posibilidad de hacerlo de otra manera. Mientras tanto, la mayoría de las familias que estaba reclutando como padres de acogida tenían un paradigma similar.

Un día, mientras visitaba un hogar de acogida/adoptivo de una madre de acogida veterana, me di cuenta de algo que no había visto antes. Tenía nueve niños en su hogar. Ya había adoptado a algunos de ellos y los demás eran niños de acogida. La mayoría de estos niños estaban esperando a que esta misma señora los adoptara. Todos estos niños habían sido diagnosticados con el trastorno de vinculación reactiva. Ésta es una condición muy seria en la que los niños no se pueden sentir vinculados a sus cuidadores y, a menudo, ni siquiera a ninguna otra persona. Varios de estos niños habían tenido unos comportamientos tan extremos que habían sido separados de sus padres biológicos a muy temprana edad. Incendiar la casa familiar, estrangular a los hermanos, matar mascotas y ser violentos con los padres son algunos de los ejemplos de lo que habían hecho sus niños de acogida antes de venir a su casa.

No era consciente de nada de esto antes de llegar a su hogar. Al entrar en su entorno, me di cuenta de que los niños estaban sentados en silencio en ciertos lugares preparados para ese fin. Estaba enseñando a todos estos niños en casa. Lo único que podía ver por todas partes eran niños bien educados y que se sabían controlar. Me contó algunos de los extraños acontecimientos que habían ocurrido en su hogar. Describió comportamientos que habrían hecho que se hubiera terminado la acogida en la mayoría de los hogares. En vez de eso, esta mujer no hacía sino albergar más niños similares en su hogar.

Le pregunté cómo estaba consiguiendo esto. Y aquí es dónde todo empezó a cambiar en mi manera de pensar y en mi comportamiento para con mi mundo. Me mencionó que había contactado con un centro en Golden, Colorado, que se llamaba Cline-Fay Institute. Fue ahí donde recibió ayuda con su primer hijo adoptivo, al que habían diagnosticado con el trastorno de vinculación reactiva. Este centro se especializaba en crear un vínculo entre niños, de los que se había abusado de manera extrema, y sus cuidadores y padres. Después me explicó algo llamado *Love and Logic*®[1] .

Esta es la primera vez que había oído de *Love and Logic*,

[1] *Amor y Lógica (marca registrada)*

pero ya llevaba varios años rondando. Tenía un catálogo y pedí dos cintas de audio: *"Los 4 Pasos hacia la Responsabilidad y Helicópteros, Sargentos Instructores y Consejeros"*. Escuché ambas cintas durante un año mientras conducía. Estaban repletas de historias divertidas que me ayudaban a pillar los principios y recordar los pasos para saber cómo utilizar las técnicas.

Empecé a compartir *Amor y Lógica* con mis padres de acogida y pronto empecé a enseñarles cómo ser padres. Con el paso del tiempo, la compañía para la que yo trabajaba, Remi Vista, pidió el currículo para enseñar a los padres y yo lo revisé. Iba a necesitar demasiado tiempo para hacerlo como ellos decían por lo que cambié ciertas cosas y empecé a enseñárselo a los padres de acogida. A los dos años, estaba enseñando un seminario de seis horas sobre *Amor y Lógica* en escuelas y grupos de padres por todo el país. Nunca miré atrás.

Foster Cline y Jim Fay, los creadores de *Amor y Lógica,* habían puesto en palabras y técnicas lo que yo sabía que era un patrón afín al corazón de Dios. El fundamento de todo lo que hay en este libro, proviene de mis años en los que enseñé a los padres y de cuando yo lo intentaba poner en práctica en el contexto de mi fe. Aunque nunca he llegado a conocer a estos hombres, estoy eternamente agradecido por su influencia en mi vida y en la vida de aquéllos a los que yo he influenciado. ¡Paz!

Introducción

Bienvenidos a *Amando a Nuestros Hijos a Propósito*. Puede que esto sea, o no, nueva información para ti, pero seguro que es un cambio radical de paradigma. Este libro va a desafiar lo que conoces como amor, disciplina, honor y tu meta general como padre. Este libro también te conectará con una forma de pensar y de vivir que traerá tranquilidad y paz a tu familia y demás relaciones.

Este libro va a cambiar la calidad de vida de tu hogar. Ya no más discusiones con tus hijos. ¡De verdad! No más peleas sobre si algo es "justo" o está "bien". Di adiós a las peleas para terminar a tiempo los deberes o las tareas cotidianas. Puedes volver a obtener el control sobre tu vida y aprender a ver a tus hijos con nuevos ojos.

Vas a empezar un curso que mostrará a tus hijos el corazón de Dios como nunca antes lo han visto. Vas a experimentar el gozo y la paz que siempre has deseado como padre. Vas a aprender cómo "el amor echa fuera el temor". Este libro te va a mostrar cómo construir una relación de amor y confianza con tus hijos que los inspire a cuidar de tu corazón a la vez que toman sus propias decisiones sobre la vida. Sí, este libro te ayudará a aprender a confiar en tus hijos.

Vamos a explorar cuán poderosos son tus hijos. Te sorprenderá lo responsables, respetuosos que pueden ser tus hijos y el dominio propio que pueden tener. Aunque esto no ocurrirá en un abrir y cerrar de ojos, podrás intentar ciertas cosas mientras lees el libro y así experimentar resultados inmediatos.

Al igual que con cualquier cambio de paradigma, necesitarás importar un suministro fijo de refuerzo a lo que estás aprendiendo. Por lo tanto, tenemos seis horas grabadas de talleres que puedes pedir en la página web www.lovingonpurpose.com. Además hay mp3, CD, DVD y manuales a tu disposición para seguir incrementando el impulso. Entiendo que si esta es la primera vez que te ves expuesto a este punto de vista sobre la paternidad, vas a necesitar tiempo para "procesar" algunas de las victorias antes de poder redirigir toda tu forma de vivir como familia. Recomiendo encarecidamente que te hagas con el material de apoyo para seguir edificando sobre lo que se presenta en este libro. También hay material de apoyo de *Amor y Lógica* en www.loveandlogic.com.

Espero que disfrutes de ésta, mi primera obra.

CAPÍTULO UNO

El Quid de la Cuestión

En el otoño de 2006, mi amigo Banning Liebscher (el pastor de jóvenes de la Iglesia Bethel) y yo tuvimos la oportunidad de presentar una serie sobre la paternidad sacado de *Becoming a Love and Logic Parent*®[2]. Tuvimos reuniones semanales de dos horas durante seis semanas con padres que tenían estudiantes en el primer año de instituto a punto de ser echados del mismo. Familias cuyos hijos traían faltas de asistencia, malas notas y partes de amonestación a casa eran candidatas para este programa. A pesar de haber promocionado ampliamente este programa, era voluntario y solo cuatro padres fueron esa primera noche. Afortunadamente, varias otras familias de la comunidad habían oído hablar acerca del programa y también se presentaron ayudando así a llenar la sala.

Una mujer que parecía "dura" y a la defensiva, estaba sentada en la primera fila mientras yo enseñaba e interactuaba con el grupo. Resultó que se sentía sobrecogida y dolida. Por fin llegó al punto en el que se había hartado de oírme hablar como si la paternidad

[2] *Convirtiéndote en un Padre de Amor y Lógica*

fuese algo fácil y espetó, tanto frustrada como con esperanza, "Bien, D. Sabelotodo, tengo una hija de 14 años que lucha conmigo al menos cinco veces al día. Se pelea con su hermano y hermana cuando está cerca de ellos. Está suspendiendo todas las clases, fuma maría, se acuesta con su novio y se escapa de casa por las noches. ¿Qué vas a hacer con eso, eh?"

Se hizo el silencio en la habitación. Cada persona ahí presente tenía su propia historia, pero esta señora era, sin lugar a dudas, la más desesperada. Estaba totalmente agotada. Su hija mayor estaba fuera de control y su hogar era un caos absoluto.

Sencillamente la miré, asintiendo con la cabeza e intentando olvidarme de que me había llamado "D. Sabelotodo". Por fin dije: "Háblame sobre cómo conectas con tu hija. Descríbeme el contacto de corazón que hay entre las dos".

Me miró con ojos que me preguntaban, "¿Qué?" Por lo que repetí lo que había dicho. Ella no se esperaba esa respuesta. Nadie se la esperaba. Todos nos sentamos en silencio mientras ella se tomaba unos minutos para pensar y después se puso a llorar. Esta madre inclinó la cabeza y dijo: "No tenemos conexión alguna. Nos asustamos la una a la otra".

Dije: "Este es el mayor problema que tienes ahora mismo con tu hija. El culpable es la falta de conexión. Necesitamos una solución para este problema antes de poder alcanzar soluciones para el resto de los asuntos".

Me miró como si la hubiera dado un azote en la nariz con un periódico enrollado. No se podía creer lo que estaba oyendo. Pensaba que necesitaba una manera más eficaz para controlar a su hija y sabía que nada de lo que había intentado hasta este momento estaba funcionando. Había pasado mucho tiempo desde la última vez que pensó en el amor que se tenían.

Hablamos brevemente sobre algunas maneras en las que

reparar su conexión y se fue. A la semana siguiente, pregunté si alguien había intentado hacer algo nuevo durante esa semana y si había alguna pregunta que pudiese responder antes de empezar con la siguiente lección. Una vez más sentada en la primera fila, pero esta vez sonriendo, la mujer dijo: "¡Es un milagro! Solo hemos peleado dos veces esta semana. Es más amable con todos los de casa. Todos estamos estupefactos. ¡Es un milagro!"

La habitación rompió en aplausos. Ella resplandecía con esperanza y victoria.

Le pregunté qué había hecho. Su respuesta fue incalculable.

"Fue a casa pensando en lo que habías dicho sobre nuestra conexión. Nunca había considerado que ese fuese el problema. Después me di cuenta de que ya no era yo en esta relación. Estaba dolida y enfadada con ella siempre. Me había convertido en una controladora. No tenía ni idea de que yo era tan parte del problema como ella. Le pedí perdón por haber sido una controladora e irrespetuosa. Le dije que las cosas iban a cambiar porque yo iba a cambiar. Le dije que la amaba más de lo que ella se podía imaginar. Lloré y la abracé". Reía mientras contaba la historia. "Creo que la di un susto de muerte".

Esa fue la tercera semana. A la semana siguiente, esta madre vino a clase con su hija caminando detrás de ella. No hizo contacto visual conmigo y se sentó en los asientos más altos de esta habitación con forma de anfiteatro. Sentada totalmente sola, se quedó ahí mirando la habitación escasamente ocupada.

Su madre tenía otro testimonio para la clase esa noche. Dijo: "No nos hemos peleado para nada esta semana. Esto no ocurre desde hace años". Estaba resplandeciente y daba pequeños saltos en la silla mientras se aplaudía. Después se dio la media vuelta y señaló a la joven que estaba sentada en las filas de sillas que estaban arriba. "Mi hija ha venido a clase conmigo esta noche para averiguar qué le han hecho a su madre".

La clase rompió en risas y aplausos.

A la semana siguiente la madre vino a clase seguida de su hija y sus otros dos hijos. Todos se sentaron en la primera fila mientras hacían sus deberes al lado de su madre.

La sexta y última semana, hice la misma pregunta que había hecho las semanas anteriores: "¿Hay alguna pregunta o situación con la que necesitéis ayuda?" La clase respondió de una forma que Banning y yo, que a raíz de esto tuvimos estas reuniones dos o tres veces al año durante tres años en este instituto, hemos llegado a ver como normal. Primero, un silencio aterrador. Después, uno de los padres dijo: "No sé lo que está pasando en los otros hogares, pero en nuestro hogar hay paz".

En Resumidas Cuentas

¿Manifiesta tu familia el fruto de la paz? Isaías 9:7 declara, "*No habrá fin del incremento de su gobierno ni de la paz…*" (NASB)[3]. La paz es un fruto del Reino de Dios. Pero, ¿cómo se establece el gobierno del Cielo en tu hogar? Para poder responder esta pregunta tendrás que examinar "a lo que reduces todo". Como padre, ¿cuál es el asunto más importante cuando estás interactuando con tus hijos? ¿Lo que motiva tu corazón como padre es semejante a lo que impulsa al corazón del Padre con respecto a Sus hijos? La primera tarea que tenemos entre manos es reconocer a qué reducimos todo.

Diría que para la mayoría de nosotros, padres, la meta al educar a nuestros hijos es que *obedezcan*. Desde que los conocemos cuando nacen, nuestros esfuerzos están dirigidos a moldear la voluntad y deseos de nuestros hijos. Les enseñamos qué es "bueno" y qué "malo" para después instruirlos a que escojan lo "bueno". Intentamos asegurarnos, con todo nuestro ser, que salgan "buenos", y el método más obvio para cumplir este objetivo es

[3] *Versión New American Standard Bible.*

enseñarles a *hacer lo que decimos.*

Este libro te mostrará que la meta de la obediencia y de la conformidad es una meta menor. Puede llegar a ser negativo para el desarrollo de la responsabilidad personal de tus hijos y su percepción de Dios Padre. Aunque la obediencia es una parte importante de nuestra relación con nuestros hijos, no es la cualidad más importante. Si fracasamos en cuidar en primer lugar los asuntos importantes, lo que vamos a construir sobre nuestro cimiento no va a soportar lo que estamos esperando llevar a cabo como padres.

Cuando los fariseos preguntaron a Jesús cuál era el mandamiento más importante, los sorprendió con Su respuesta. Estaban intentando tenderle una trampa con Su pregunta pero, en vez de acorralarse, abrió nueva revelación delante de ellos. Su respuesta fue, en pocas palabras, "*Amad a Dios, amad a vuestro prójimo y amaos a vosotros mismos*" (Lucas 10:27). El mayor mandamiento es el *amor*. Estos fariseos habían esperado que Él les hubiera dicho, "Hay que obedecer *este* mandamiento", porque su cultura estaba basada en la prioridad de la obediencia y de la conformidad ante "las normas". Jesús promocionó, de un solo golpe, la *relación* por encima de las normas. El amor y la relación es a lo que se reduce todo en el Reino y debemos hacer lo mismo si lo que queremos es establecer la cultura del Reino en nuestros hogares.

Existe una gran diferencia entre una cultura en la que todo se reduce a la obediencia y la conformidad y una cultura en la que la relación es lo importante. El contraste se puede ver, probablemente, de manera más clara cuando la gente fracasa. Imagínate esto: Tu hijo que está en sexto de primaria viene a casa con su boletín de notas en el que se ve que ha suspendido algo. ¿Cómo piensas que reaccionarías (o has reaccionado) ante esta situación? Para la mayoría de los padres, su atención se centra inmediatamente en la falta de obediencia del hijo hacia las normas del entorno escolar y/o las expectativas de los padres. Trabajan para que su hijo vuelva a la senda de ser *un buen estudiante* comunicándole la desilusión (y, a menudo, el enfado) y dándole instrucciones sobre cómo comportarse mejor.

No hay nada malo con esta manera de enfrentar este problema de una manera general. Pero el problema se perpetúa si los padres están usándolo para alcanzar una meta menor, porque nunca se llega a tratar con el corazón del asunto, que es lo que le ha llevado al fracaso para empezar, y tampoco ayuda a los padres a ser conscientes de sus propios corazones. Mientras que nuestros hijos no aprendan a tratar con lo que está ocurriendo en su interior, no pueden aprender a manejar la *libertad.*

Quiero proponerte que la libertad es un asunto prioritario en el Cielo, porque es lo que hace que una relación sea posible. La cultura del Cielo sobre las relaciones es inmensamente diferente a la mayoría de las cosas que vemos en la Tierra porque Dios, el Padre, está menos interesado en la conformidad y mucho más en el amor. Esta es la razón por la que Él está intentando prepararnos para *vivir vidas absolutamente libres en un entorno de opciones sin límite* más que intentar guardarnos del pecado. Este es el corazón de *Amando a Nuestros Hijos a Propósito* y me gustaría mostrarte cómo amar a tus hijos con esta meta en mente.

Nuestra Historia

Mi esposa Sheri, y yo hemos sido padres durante más de 20 años ya, y puedo decir que educar a tres hijos ha sido uno de los mayores gozos que he experimentado en mi vida, y, seguramente, el mayor desafío. La parte que más nos ha desafiado ha sido aprender a ser padres de nuestros hijos de una manera totalmente diferente a como fuimos enseñados nosotros. El hecho de tener hijos, nos confrontó como nunca antes con el hecho de que no podíamos permitirnos seguir utilizando y dando como herencia las herramientas que nuestros padres nos habían dado.

De hecho, déjame que te lleve a hace mucho, mucho tiempo. En los tiempos cuando los dinosaurios merodeaban la Tierra – bueno, no hace tanto tiempo – había dos jóvenes llamados Danny y Sheri. Estos dos, poco después de hacerse cristianos y casarse, recibieron el regalo de una preciosa niñita a la que llamaron Brittney. Ahora bien, estas dos personas no tenían ni idea de cómo educar a un niño, pero ése jamás ha sido uno de los requisitos para tener uno. Verás, en California, cualquiera puede tener un hijo. Es tan fácil como ir a pescar, solo que no hay épocas en las que esté vedado tener un hijo, y no hay límite de cantidad que te puedas traer a casa.

Por supuesto, Danny y Sheri habían visto cómo se educaba a los niños (de hecho, ellos mismos habían sido educados), pero nunca se les había enseñado a amar a propósito. Más bien, como la mayoría de los niños, lo que habían observado sobre el mundo que les rodeaba mientras crecían les hizo llegar a la conclusión de que la supervivencia depende de lo bueno que seas imitando a otros de tu mismo entorno. Así que eso es lo que decidieron hacer. Se hicieron cristianos, empezaron a intentar imitar el comportamiento cristiano. Pero, desafortunadamente, después de un par de años, seguían muy a oscuras sobre qué debía hacer un padre cristiano.

Entonces un día Danny, en su intento de ser un buen padre para la pequeña Brittney, dijo: "¿Quieres que te dé algo por lo que llorar?" En ese momento, su padre, que había abandonado su familia cuando Danny tenía 6 años, surgió de su boca, aterrizó en el salón e iba a educar a la hija de Danny. ¡Lo asustó! Pensó, "¿Cómo puede alguien que casi no conozco tener una influencia tan grande en la manera en la que veo las cosas y en la manera en la que voy a tratar a esta niña? ¿Cómo es posible que mi padre esté metiéndose otra vez en mi vida? ¿Cómo puede ser que mi padre, que solo ha visto a Brittney una vez y nunca ha hablado con ella, sea el que influya en su vida?" La respuesta: ¡a través de Danny! Un extraño iba a influir en su familia mediante los fundamentos que fueron establecidos en él hace mucho tiempo, cuando era pequeño.

Lo Que Creemos

Todos tenemos ciertas cosas que creemos las cuales nos enseñaron cuando llegamos al mundo. Nuestro entorno estableció y, después, reforzó esas creencias. Es típico de la naturaleza humana el rodearse de maestros, entrenadores, jefes, pastores, líderes de la iglesia y amigos que refuerzan nuestros paradigmas diarios. Es por esto por lo que la inmensa mayoría de los que están cercanos a ti hacen lo que tú haces y comparten una fe parecida, la afiliación política, la clase social y económica y el sistema de valores. En cierto sentido, los estás imitando y viceversa. Cuando estás cerca de alguien que no apoya tus creencias, esa persona se convierte en un factor irritante, o al menos (y seguramente), en una amenaza. La manera en la que respondes ante estas personas, consciente o inconscientemente, es, "Me asustas. Quiero que te quedes allá, a lo lejos. Voy a rodearme de gente que me haga sentir cómodo. Ellos me sirven de excusa para la manera en la que vivo". Cuando tenemos éxito manteniendo estas zonas de comodidad, los cimientos de nuestra sociedad y de nuestra vida no se enfrentan a ningún desafío y tienen un efecto duradero en la forma en la que creemos y nos comportamos

El problema es que muchas de nuestras versiones sobre lo que es "normal", verdaderamente no tienen nada que ver con la versión del Cielo de "normal". No estoy hablando de lo que *decimos* creer que es verdad, sino lo que estamos viviendo como verdad. Al intentar exponer y desmantelar nuestros viejos fundamentos para construir unos nuevos, Sheri y yo descubrimos que parte de los fundamentos que otros cristianos habían establecido tampoco les estaba funcionando tan bien. Esto alimentó nuestra pasión por articular, desde un punto de vista escritural, los aspectos que funcionan del paradigma cristiano de la educación de los hijos y los que no, a la vez que por ayudar a los padres para que vean cómo el Cielo puede usarlos como conducto para llegar a sus hijos.

Nuestro comportamiento surge de nuestras creencias y de la manera en la que interpretamos el mundo que nos rodea. Te puedo dar una lista de herramientas que puedes usar con tus hijos, pero si no las usas con un paradigma que esté afinado a la forma en la que funciona el Reino de Dios, lo único que harán es causarte problemas. Si un doctor da un diagnóstico equivocado de un síntoma, deja de importar todo el conocimiento que tenga el doctor sobre la medicina. La receta no va a ser efectiva y puede hasta ser dañina, a no ser que el doctor llegue a reconocer el verdadero problema. Es de vital importancia que podamos hacer el diagnóstico apropiado de los problemas a los que nos enfrentamos. Nuestra respuesta ante las circunstancias serán correctas o no, dependiendo de lo acertado de nuestra interpretación. Si intento cambiar mi respuesta ante las circunstancias, por el mero hecho de saber cuál es la respuesta correcta, pero sigo percibiendo las cosas de la misma manera, empezaré a tener un conflicto conmigo mismo. Con el tiempo, me agotaré y volveré a responder conforme a lo que es congruente con mi percepción.

Por lo tanto, este libro es un libro sobre *por qué hacer a la vez que cómo hacer.* Voy a compartir algunas historias contigo y te voy a dar algunas herramientas para ayudarte a cumplir objetivos reales en la educación de tus hijos. Sin embargo, sin antes establecer en tu manera de pensar los principios centrales fundamentales de una perspectiva piadosa, estas técnicas y herramientas no dejarán de ser más que formas en las que manipular a tu hijo. Eso no es lo que te quiero dar. Quiero que veas el corazón desde el que fluyen cosas como la libertad, el respeto, el amor y el dominio propio.

De Dentro Hacia Afuera

Como ya he dicho, cuando Brittney, "primera niña para padres en prácticas", nació, Sheri y yo recibimos muy pocas herramientas para ser padres en nuestra nueva comunidad cristiana. Así, durante el primer par de años llevábamos cucharas de madera allá por donde íbamos. Teníamos cucharas de madera en la bolsa de los pañales, en los bolsillos, en la guantera del automóvil, en cada habitación de la casa, – hasta en la casa de nuestros mejores amigos. La niña casi tenía un parche de madera en su trasero para cuando cumplió los cinco años. ¿Por qué? Porque era una niña "de voluntad férrea" y yo estaba convencido de que era nuestro trabajo quebrantar esa voluntad. Cuando intenté sacar una herramienta de la caja siendo un padre joven, lo que saqué es lo que se me había dado. Todo lo que tenía era una variedad de martillos de diferentes tamaños. Tenía un cinturón de herramientas con nueve martillos de diferentes tamaños. Imagina que contratas a un carpintero que se presenta en tu casa con un cargamento de martillos y dice, "Estoy aquí para construir tu casa. Me he traído todos los martillos".

"¿Es eso todo lo que tienes?"

"Sí, pero puedo edificar una casa solo con martillos. Es una casa fea. Nadie quiere vivir en ella, pero se puede hacer. Puedo medir y puedo taladrar. Puedo hacer casi cualquier cosa con un martillo".

"Ya veo. No, gracias".

Los martillos que mi padre me había dado tenían diferentes tamaños de intimidación. Tras esas herramientas de intimidación había un montón de convicciones sobre él, sobre mí y sobre el papel y la responsabilidad del padre, que eran directamente incompatibles con el tipo de relaciones que Dios quiere que tengamos con Él y con los demás. Efesios 3:15 dice que cada familia en la Tierra y en el Cielo toma su nombre de Dios Padre. Él diseñó y quiso que nuestras familias expresasen el tipo de relación que Dios desea que tengamos con Él. Y si vamos a intentar educar a nuestros hijos de la misma manera como Dios nos educa, es muy probable que descubramos lugares en nuestro paradigma relacional que son incongruentes con la manera en la que Él funciona.

Vamos a repasar lo que dice la Biblia sobre cómo se relaciona Dios con Sus hijos. Dice que ha hecho un Nuevo Pacto con nosotros (Mateo 26:28). Cuando Dios habló de este Nuevo Pacto a través del profeta Jeremías, lo hizo en un tiempo en el que la cultura dominante era que Dios se relacionaba con la humanidad desde fuera hacia dentro (ver Jeremías 31:27-34). Israel tenía una cultura de control externo. Si pecabas, te volvías leproso. Si pecabas, te apedreaban ¡con piedras de verdad! Si la nación pecaba, sus enemigos invadían su territorio. Cosas como una columna de nube los guiaba durante el día y una de fuego por la noche. Tenían sacerdotes, el templo y un montón de otras formas externas para experimentar a Dios. De hecho, casi cada aspecto de la vida diaria para el pueblo de Dios tenía alguna forma externa de relacionarse con Dios.

El Nuevo Pacto que describió Jeremías es totalmente diferente. Profetizó sobre un día en el que nuestro pacto con Dios dejaría de ser una experiencia externa para pasar a ser una interna. El gobierno del Cielo pasaría de estar fuera del individuo para habitar dentro. Esta era la relación con Dios que Jesús iba a presentar mediante Su muerte y resurrección. Jeremías dijo:

> *"He aquí que vienen días, dice Jehová, en los cuales haré nuevo pacto con la casa de Israel y con la casa de Judá. No como el pacto que hice con sus padres el día que tomé su mano para sacarlos de la tierra de Egipto; porque ellos*

> *invalidaron mi pacto, aunque fui yo un marido para ellos, dice Jehová. Pero éste es el pacto que haré con la casa de Israel después de aquellos días, dice Jehová: Daré mi ley en su mente, y la escribiré en su corazón; y yo seré a ellos por Dios, y ellos me serán por pueblo. Y no enseñará más ninguno a su prójimo, ni ninguno a su hermano, diciendo: Conoce a Jehová; porque todos me conocerán, desde el más pequeño de ellos hasta el más grande, dice Jehová; porque perdonaré la maldad de ellos, y no me acordaré más de su pecado".* (Jeremías 31:31-34)

Ahora bien, en el sistema de gobierno externo, la fuerza motivadora en la relación con Dios provenía en forma de bendición por la obediencia y amenazas de castigo –plagas, exilio y "ser sacudido en sus partes traseras"– por la desobediencia. Estas cosas revelaban el poder de Dios y definían lo que se podía esperar de la relación. Si se quitaba la amenaza del castigo, el pueblo de Dios volvía a entrar en otra época de rebelión contra Él. Este tipo de relación hace que se llegue pronto a la conclusión de que Dios está de mal humor y que tiene Sus peculiaridades. Desafortunadamente, muchos de nosotros, seamos o no creyentes, seguimos educando a nuestros hijos de acuerdo con el paradigma del Antiguo Testamento. Sigue siendo común o "natural" que creamos que los errores o el pecado deben ser castigados. El modelo que surge de este paradigma nos presenta a un "castigador" por padre y crea un enfoque "de fuera para dentro" para enseñar al niño sobre la vida.

En el Nuevo Pacto, Dios se relaciona con el creyente de una manera nueva, escribiendo Su "ley en nuestros corazones y mentes". Cuando la ley está escrita en nuestros corazones y mentes y cuando Dios mismo mora dentro de nosotros, ya no tenemos que ser controlados desde fuera, porque tenemos la capacidad y la responsabilidad de controlarnos a nosotros mismos, de decirnos qué debemos hacer y obligarnos a hacerlo. El último versículo del pasaje anterior nos dice por qué este cambio de pactos podía tener lugar: "Perdonaré su iniquidad, y no me acordaré más de su pecado". Siempre y cuando nuestro pecado no haya sido castigado y nuestros corazones sigan muertos, espiritualmente hablando, estamos separados de Dios. Pero en la cruz, Jesús trató con la condición que requería que Dios se relacionase con nosotros desde fuera. Como resultado, el castigo, la ira y la intimidación han desaparecido de Su actitud hacia nosotros. Dios es un *lugar seguro.* Ya que el pecado ha sido tratado en el Nuevo Pacto, no tenemos que ser castigados ni controlados sino que tenemos que aprender a gestionar nuestra libertad de manera responsable, cosa que hace que cambie la meta del gobierno como la de educar a nuestros hijos. Cuando amamos y la libertad toma el lugar del castigo y del temor como fuerzas motivadoras en la relación existente entre padre e hijo, la calidad de vida mejora drásticamente para todos los involucrados. Se sienten a salvo los unos con los otros y la ansiedad que creaba distancia en las relaciones es reemplazada por un sentimiento de amor, honor y valor mutuo.

Esto me recuerda a una historia de otra familia que vino a las clases de educación que ofrecimos en el instituto. En la última semana de clase, la madre explicó que hacía seis semanas su hogar había sido un lugar de tensión. Su hijo de 15 años vivía prácticamente en su habitación. Durante los últimos dos años, la única ocasión en la que salía era para pelearse con sus padres por algo. Después nos contó lo que ocurrió cuando cambiaron su estilo controlador de educación por uno de amor y respeto:

> "Mi hijo salió de su habitación y entró en el salón donde estábamos su padre y yo. Se sentó con nosotros. Miré a mi esposo y arqueé las cejas mientras él se encogía de hombros (ya que ninguno de los dos sabíamos lo que estaba pasando). Nuestro hijo empezó a contarnos lo que había hecho

durante el día." Ella empezó a luchar contra las lágrimas mientras seguía contándonos: "Después nos contó hasta qué punto está empezando a ver lo irrespetuosos que son sus amigos entre sí. Dijo que estaba notando claramente esa falta de respeto a causa del respeto que siente que sale de nosotros y que ha crecido exponencialmente en los últimos días. Después nos preguntó si queríamos jugar a un juego de mesa". Interrumpió su propia historia para señalar hasta qué punto eso era un milagro. "El único juego que teníamos en el armario era... Agravio. No podíamos contener la risa al dirigirnos hacia la mesa. Solíamos vivir en agravio y ahora estábamos sentados juntos en la mesa como familia para jugar a Agravio".

Como creyentes, nunca seremos capaces de educar a nuestros hijos desde dentro para fuera como lo hace Dios si no hacemos un cambio total de pactos. El problema para muchos padres cristianos es que seguimos creyendo que la manera en la que Dios nos pastorea y, en consecuencia, la manera en la que debemos pastorear a nuestros hijos, es principalmente mediante el castigo. Pensamos, "No he orado durante una hora esta mañana, por lo que se me va a pinchar la rueda de camino al trabajo". Creemos que Dios nos castiga así, que es el responsable de obligarnos a hacer las cosas "buenas". Cada vez que ocurre algo malo, lo llevamos hasta un fracaso *y sabemos* que es parte del gobierno externo promulgado por un Dios airado. Intentamos "convertir" en verdad aquello que creemos que es verdad, buscando la evidencia en nuestras experiencias para apoyar dichas creencias. Pero esta "verdad" sobre Dios no es verdad y tenemos que dejar de sacar este tipo de conclusiones. Debemos darnos cuenta de que nuestro Dios es un Dios de libertad, no un Dios de control. II Corintios 3:17 declara, "*Porque el Señor es el Espíritu; y donde está el Espíritu del Señor, allí hay libertad*" (énfasis añadido). Le importa tanto la libertad que estuvo dispuesto a sacrificar a Su Hijo para restaurar la libertad que habíamos perdido a causa del pecado (Gálatas 5:1).

El Reino del Cielo no es un gobierno externo. Cuando los discípulos y todo el pueblo empezaron a darse cuenta de que el Rey de Reyes se había manifestado en la persona de Jesús, empezaron a preguntarle, "¡Oh! ¿Cómo establecerás Tu Reino? Te conseguiremos un trono enorme. Eh, yo quiero ser tu Secretario de Defensa. Quiero ser tu mano derecha. Quiero favor político". Estaban confusos y hasta un poco desilusionados cuando descubrieron que Jesús no vino para sentarse en un trono y establecer un gobierno externo. Cuando educamos a nuestros hijos a obedecer presentándoles una amenaza externa, menoscabamos su comprensión de cómo funciona el Reino del Cielo.

No vamos a ser capaces de presentar el Reino de Dios a nuestros hijos si ese Reino no se está manifestando en nuestras propias vidas. Si no hemos aprendido a vivir de dentro para fuera, entonces nos veremos muy fuera de nuestro ámbito intentando educar a nuestros hijos para que vivan así. La razón por la que muchos de nosotros tenemos un modelo de educación de hijos del Antiguo Testamento, es porque seguimos viviendo en el paradigma del Antiguo Testamento (que construye una estructura externa para protegernos de los poderes del pecado y de la muerte), en vez de activar el poder de Dios que tenemos dentro para hacerlo. Seguimos creyendo que el pecado es más poderoso que nosotros. Cuando los hijos crecen en un entorno en el que los padres tienen miedo al pecado, aprenden a temer al fracaso. Todos los métodos que usan para tratar con sus hijos parecen instaurar temor en vez de amor. Al intentar eliminar las oportunidades para pecar, los padres desarrollan una expectación de que sus hijos vivan una vida libre de errores, y la meta de la paternidad se convierte en la obediencia y el conformismo. Como resultado, sus hijos se pierden toda la lección sobre la libertad.

¡Creados Para La Libertad!

En el principio Dios creó a la humanidad libre. No había limitaciones en el Huerto. Adán y Eva estaban andando por ahí desnudos (ver Génesis 2:25), – sin sujetador, ni ropa interior, ni bañadores, nada. Ésta era la versión que Dios quería para tu vida: libertad absoluta. Pero ¿qué hacía que el Huerto fuese un lugar de libertad? No era el hecho de que estuvieran desnudos. No, el Huerto era un lugar de libertad a causa del árbol del conocimiento del bien y del mal. "¿Qué?" preguntas. "¡Ese es el árbol malo! ¿Cómo podía llevarlos a la libertad?" Bueno, si no hubieran tenido el árbol del conocimiento del bien y del mal en ese Huerto, se hubieran visto atrapados en una prisión paradisíaca. Sin la opción de poder tomar una decisión errónea en ese entorno, no hubieran sido libres.

Por lo tanto, el diablo puso el árbol en el Huerto. No, espera. ¿Quién puso el árbol en el Huerto? ¿Fue Dios, el Padre amante, el que puso una opción peor al alcance de Sus hijos amados? "*No*, dime que eso no es cierto. Dios solo los pondría en un lugar seguro, maravilloso, perfecto, como… una escuela cristiana. Debemos enseñar a nuestros hijos en el entorno de unas limitaciones importantes para que no pequen". ¿Te suena familiar? (Hay muchas buenas razones por las que tener escuelas cristianas, pero ésta no es una de ellas). Pero fue Dios quien lo hizo. Y, ¿dónde puso el árbol? ¿Acaso dijo: "Los desnudos no lo encontrarán si lo pongo en la cima del Everest. Pasará mucho tiempo antes de que envíen una expedición nudista ahí arriba. Y no podrán decir que no les di a escoger. Porque sí que lo hice. O, lo podríamos colocar detrás de un matojo de cardos. ¡Vaya! No hay ninguno de esos todavía"? No. Lo puso justo en el *centro* del Huerto, al lado del árbol de la vida.

Esta historia nos muestra la importancia que tiene la libertad para nuestro amoroso Padre. Sin la libertad para rechazarlo, no tenemos el poder para *escogerlo*. La obediencia es una elección. El Señor juega según Sus reglas. Nos ha diseñado para ser libres y nos ha dado un entorno abierto en el que ejercer nuestra libertad. Pero con nuestros niños solemos optar por otro enfoque: "Veamos. Encontremos el entorno más perfecto y libre de problemas posible. Escuela cristiana: que se quiten todos los árboles malos de ese entorno y volveré a escogerte como lugar acertado para mis hijos. Que no haya desvíos hasta que yo vuelva". Lo que esto revela es que estamos aterrados ante las malas decisiones de nuestros hijos. Intentamos eliminar la mayor cantidad de opciones posibles. El hecho de que eliminemos las opciones malas de las vidas de nuestros hijos a la vez que Dios introdujo una en el Huerto *aposta*, nos muestra que necesitamos cambiar de paradigma.

Quiero describir una interacción respetuosa que tuve con mis dos hijos en la que se les permitió tomar ciertas decisiones que terminaron enseñándoles a ejercitar su dominio propio y a gestionar su libertad de mejor forma. ¿Cuántos tienen hijos que les han hecho sudar la gota gorda con el asunto de la hora de acostarse? Bueno, cuando Levi y Taylor tenían 6 y 4 años respectivamente, les presentamos una solución que aprendimos de *Amor y Lógica* llamada *tiempo de habitación.*

En vez de ordenarles que se callaran y que se fueran a la cama, les decía, "Es tiempo de habitación. No queremos veros ni oíros hasta mañana por la mañana".

Levi preguntó: "¿Podemos jugar con nuestros juguetes?"

"No quiero verte. No quiero oírte".

Taylor preguntó: "¿Podemos dejar la luz encendida?"

"No quiero verte ni oírte hasta por la mañana".

"¿Podemos leer un libro?"

"No quiero verte, no quiero oírte".

"¡Genial!" La mirada de sus caras reflejaba lo que estaban pensando, "¡Madre mía! Nuestros padres se están volviendo locos. ¡Qué maravilla!"

Cuando tienes a un chico de 4 y otro de 6 años en una habitación, es como poner dos cachorros en una caja para luego decir, , "No puedes tocar a tu compañero". En nada de tiempo se les podía oír. Abrí la puerta y dije: "Oye, que os puedo oír".

Levi estaba encima de Taylor. "Ha saltado sobre mí".

"Sí, eso es evidente. Chicos, ¿cansados?"

"No".

"Venid aquí y dejadme que os muestre algo".

Me siguieron hacia afuera y me llevé a Levi al garaje. "Levi, ahí está la escoba. Cuando todo eso esté barrido, ahi está el cubo de la basura. Si te cansas te puedes ir a la cama, pero si no estás cansado todavía puedo encontrar algo más para que hagas".

Agarré a Taylor y lo llevé al patio. "Taylor, ven aquí, amigo. Cuando hayas barrido este patio te puedes ir a la cama, si estás cansado. Si no estás cansado, tengo algo más que puedes hacer".

Al poco tiempo, Levi entró. "¿Estás cansado"

"Sí".

"¿Quieres irte a la cama?"

"Sí".

"Bien amigo, buenas noches. Te quiero". Se fue.

Taylor seguía en el porche de atrás, despellejándose o, al menos, sonando como si le estuvieran despellejando.

"Cariño, ¿tienes frío?"

"Sí".

"Aquí tienes tu chaqueta". Tardó una eternidad en acabar esa pequeña tarea, lo cual fue maravilloso porque estaba experimentando las consecuencias de su decisión. Al poco, le pregunté: "Oye, amiguito, ¿terminaste?"

"Sí".

"¿Estás cansado o quieres hacer algo más?"

"Estoy cansado".

"De acuerdo campeón, te quiero. Buenas noches". Se fue.

A la noche siguiente, dije lo mismo. "Oye, es tiempo de habitación. No quiero veros ni quiero oíros hasta por la mañana". Una vez más, les oí. Por lo que abrí la puerta y pregunté: "¿Cansados o busco algo para hacer?"

Dijeron al unísono: "¡Estamos cansados!"

A medida que transcurrió el tiempo, casi no tuve la oportunidad de volver a hacer esto tan divertido porque los niños son genios. Son genios absolutos y si les das algo de poder para que practiquen con él y los tratas como si tuviesen una mente que funciona, te maravillarán.

Pero una noche, hace un par de veranos, cuando Levi y Taylor tenían 15 y 13 años respectivamente, pude volver a practicar con ellos. Brittney se había casado y ya no vivía con nosotros y, por primera vez en sus vidas, dormían en habitaciones separadas. Era tarde y dije: "Oye, es tiempo de habitación. Os veo por la mañana". Ambos se fueron a la habitación de Taylor sin que me diese cuenta hasta que oí cómo caían cosas en esa habitación. Desde el sillón grité, "¿Estáis cansados?" Oí cómo se abría y se cerraba la puerta de Taylor y oí cómo se abría y se cerraba la puerta de Levi. Nueve años después, todavía está en sus subconscientes: "Tengo una elección. Una de las opciones es una tontería. Escojo la libertad. Escojo el dominio propio".

Paz En Un Plan

¿Sabes por qué Dios podía insertar una mala opción en el Huerto de Edén? Tenía un plan para cada resultado posible, incluyendo el peor de todos. La Escritura nos dice que Jesús era el "*Cordero inmolado desde antes de la fundación del mundo*" (Apocalipsis 13:8). Dios no perdió los estribos por el hecho de que la podíamos liar. Puede parecer que es así cuando leemos el Antiguo Testamento y vemos cómo castigaba a la gente por su pecado. Pero cuando lees la historia completa, te das cuenta de que a no ser que Él nos hubiese mostrado lo que cuesta pecar, no habríamos comprendido la cruz – Su plan – ni lo que con ella se podía conseguir.

Dios puede llevar paz a nuestros embrollos porque Su plan, la cruz, funcionó. Él ya ha tratado con la cuestión del pecado. Todo va a salir bien sin importar lo que hagamos. La actitud del Padre hacia nosotros en nuestro pecado es, "Está bien. Pero necesito que confíes en Mí y necesito que me escuches. Todo va a salir bien. Vamos a salir de ésta airosos. Puedo ganar con cualquier carta que me des. Estás de mi parte y yo de la tuya. Tomaremos lo que el diablo quiso para mal y lo daremos la media vuelta y a causa de eso quiero que vengas a Mí en medio de tu fracaso. No estoy enfadado. Me enfadé muchísimo una vez y derramé toda mi ira y castigo por el pecado en el Cordero que Yo proveí porque Él era el único que lo podía aguantar (I Juan 2:2). Jesús fue castigado hasta la muerte por todos tus errores, así que, ¿por qué tengo que estar enfadado y castigarte ahora? Necesito que te acerques a Mí, no que me tengas miedo y salgas corriendo. Necesito que confíes en que te amo y en que estoy contigo y para ti. Ven".

Sé que todo esto suena maravilloso e idealista, pero es la verdad. Es la verdad absoluta y tenemos que creerla porque si no lo hacemos se verá en nuestras acciones. Esa es la actitud de corazón que debemos comunicar a nuestros hijos si es que vamos a inculcar una representación correcta del amor del Padre en ellos. Por supuesto, para poder decir esto a nuestros hijos, antes debe ser verdad en nosotros. Tenemos que aprender a no perder los estribos a pesar de lo que hagan. Cuando lo logramos, deja de ser un enorme obstáculo para ellos el superar la experiencia que han tenido con nosotros para dirigirse hacia la verdad. Cuando hacemos eso, les presentamos una relación correcta con un Dios interno que les ama, que no se asusta de sus errores y que tiene una solución que funciona de verdad.

Así que, en el centro mismo de la educación piadosa de nuestros hijos se encuentra la convicción de que los errores y fracasos de nuestros hijos no son nuestro enemigo. El verdadero enemigo es la *esclavitud* y si no enseñamos a nuestros hijos cómo andar en libertad y cómo gestionarla, no sabrán qué hacer con ella. Tal vez estén a salvo durante la escuela cristiana o la universidad cristiana y después irán y se envolverán en un entorno religioso y dirán, "Contrólame desde fuera, porque si me falta algo de esto creo que me desintegraré". Y después dirán, "Me casé con un/a fanático/a del control para no caer, aunque secretamente, y sin tanto secreto, nos odiamos. Pero vamos a la iglesia." Es una gran lástima. Temer las malas decisiones de nuestros hijos es enseñarles a tenerle miedo a la libertad.

Instruye Al Niño...

Nuestros hijos son profesionales a la hora de equivocarse. Todos están en un viaje de aprendizaje. Cuando tememos sus equivocaciones o sus pecados, nuestra ansiedad controla las respuestas que les damos y el espíritu de temor se convierte en el “maestro de maestros” de nuestro hogar. Aunque II Timoteo 1:7 nos dice de forma clara que Dios no nos ha dado un espíritu de temor, nos asociamos con ese espíritu para educar a nuestros hijos en la consecución de la meta de la obediencia y del conformismo.

Para muchos de nosotros, como lo era para mí, la intimidación es nuestra única herramienta verdadera de educación. Tenemos varios niveles de intimidación. Intentamos transmitir a nuestros hijos que estamos en control de sus vidas desde que son pequeñitos. Una vez más, el problema con esa lección es que el Cielo no está intentando controlar tu vida. Dios no quiere controlarte. Recuerda, en la presencia del Señor hay libertad, no control (II Corintios 3:17). Cantamos cánticos durante todo el día de cómo Dios está en control. Él no te controla, ni tu esposa, ni tu jefe, ni tus hijos. Nadie te controla. De hecho, se nos ha dado un Espíritu de poder, de amor y de dominio propio (II Timoteo 1:7). No puedes culpar de tu vida a Dios.

Por lo tanto, ¿quién está en control? Tú. Pero si nunca has aprendido a controlarte, entonces por supuesto que estás muerto de miedo. Si no nos controlamos, estamos fuera de control, y esto te hace sentir sin poder. ¿Has ido alguna vez en el automóvil con alguien que no conduce como a ti te gusta? Quieres el control. O quieres el volante o quieres salir del vehículo. Muchos padres creen que cuando sus hijos presentan fracasos, rebelión, falta de respeto, irresponsabilidad o cualquier otra acción pecaminosa, deben volver a adquirir el control intimidando a sus hijos para que cambien de parecer.

Como cristianos que somos, tenemos que entender que el temor es nuestro enemigo. Muchos admitimos que esto es cierto, pero nos damos cuenta de que es difícil deshacerse del temor. Tantos de nosotros hemos moldeado nuestro paradigma con el temor al castigo, que llegamos a creer que *necesitamos* la amenaza del castigo para no salirnos del camino. “Si no tengo una consecuencia verdaderamente mala para esta mala elección, la elijo. No me puedes parar, mejor nos iría si me apuntases con una pistola a la cabeza". Creemos que necesitamos ser controlados desde fuera. Me imagino que Timoteo se rió cuando leyó por primera vez la epístola en la que Pablo dijo: "*No te ha sido dado un espíritu de temor, sino de poder, de amor y de dominio propio*" (II Timoteo 1:7). En la epístola anterior, Pablo le dijo a Timoteo que bebiese vino para su estómago. Tal vez tuviese mal el estómago porque era un tipo estresado. Sea como fuere, la exhortación directa de Pablo a Timoteo de que no le había sido dado un espíritu de temor implica que Timoteo tenía miedo. Tenía que dejar atrás el temor que, seguramente, había aprendido en casa. Por ello le dijo: "No has recibido un espíritu de temor. Timoteo, lo que Dios te ha dado no produce temor. Dios no está intentando intimidarte, ni yo tampoco".

Cuando hablo acerca de educar a tus hijos desde dentro hacia fuera, en libertad, estoy hablando acerca de quitar el temor; específicamente, el temor al castigo. El hecho de quitar de en medio el instrumento de educación del castigo no es un concepto nuevo. I Juan 4:18 dice, "*En el amor no hay temor, sino que el perfecto amor echa fuera el temor; porque el temor lleva en sí castigo. De donde el que teme, no ha sido perfeccionado en el amor*". Quiere decir que *todo* el temor se va de tu vida cuando entra el amor. *No* hay temor al castigo en el amor.

Para poder educar a nuestros hijos en amor, nuestro comportamiento como padres debe reducir el temor, no aumentarlo. ¿Qué pasa cuando tienes un enfrentamiento directo con uno de tus hijos? ¿Qué pasa cuando uno de tus hijos no quiere obedecer? ¿Qué haces cuando tu hijo te miente a la cara? ¿Cuál es tu respuesta cuando tu hijo te muestra alguna faceta fea como la falta de respeto? ¿Qué se manifiesta cuando tu hijo se resiste a darte el control sobre su vida? De la misma manera que el amor echa fuera el temor, el temor echará fuera el amor. El amor y el temor son enemigos. Tienen una procedencia totalmente diferente la una de la otra. El amor viene de Dios y Su enemigo produce temor. Necesitamos métodos, herramientas y técnicas para responder al pecado de nuestro hijo de tal manera que produzca amor y no temor. Pero si todo lo que tenemos es lo que se nos ha dado, la mayoría tenemos herramientas que crean ansiedad, porque tenemos temor. "Tengo miedo, por lo que permíteme que te enseñe una lección. La lección es, asústate cuando estoy asustado".

NO HAY CAMIONES AMARILLOS EN EL CIELO

La idea de que hay alguien que tiene todo el control y alguien que no tiene ninguno es la raíz de todas las malas relaciones. Esa es la mayor mentira que puedes enseñar a tu hijo. "Hay dos tipos de camiones en el mundo. Hay camiones rojos y hay camiones amarillos. Adivina cuál soy yo y cuál eres tú. Yo soy poderoso pero tú no. Qué suerte tienes, no obstante, de que soy un dictador benévolo. Soy como Jesús, porque Jesús es el gran camión amarillo en el cielo y nosotros somos los camioncitos pequeñitos rojos que no tienen ningún poder, y si somos buenos no nos aplastará como si fuésemos insectos. Ah, recuerda, Él también está de buen humor, a no ser que lo enfades. Si ese es el caso, prepárate para tomar la medicina que te mereces. Eso lo he aprendido hoy en la iglesia".

La manera en la que vemos al Padre determina cómo nos relacionaremos con Él y cómo nos relacionaremos los unos con los otros. A causa de esto, queremos tener cuidado de cómo lo vemos. Enseñaremos a nuestros hijos lo que vemos y les enseñaremos a relacionarse con un Dios que se parece a nosotros. Si enseño a mis hijos que hay camiones rojos y camiones amarillos, adivina cuál van a querer ser. Son bastante listos. "Oye, quiero ser un camión amarillo. Quiero ser poderoso en mis relaciones. Necesito averiguar qué hacer cuando la gente no me da lo que quiero. ¿Qué voy a hacer cuando mi hermano pequeño no me deja que lo controle? ¿O mi hermana mayor no me deja que la controle? ¡O mi madre! Mi madre no me deja que la controle, ¿qué puedo hacer? Papá sí que parece ser un gran camión amarillo, pero un día papá y yo estaremos aparcados en la entrada porque es ahí donde los camiones amarillos hacen rugir sus motores, ahí, en la entrada de casa".

Esa es una fábrica de falta de respeto. Cultivas altos niveles de falta de respeto en tu sistema familiar cuando enseñas a la gente: "Uno de los dos tiene poder, y ese uno no eres tú". Porque entonces dice, "Ah, ¿sí?"

Y tú dices, "Sí".

"Ah, ¿sí?"

"¡Sí!"

"Oblígame"

"No, oblígame tú a mí".

"Te voy a obligar".

"No, yo lo haré primero".

Una lucha de poder de este estilo genera falta de respeto. Es un proceso que asalta la paz y la libertad existente entre dos personas y les resta valor. No puede sino dañar la relación.

La Meta Más Excelente

Esta falsa convicción de que no solo puedes sino que eres responsable de controlar a tus hijos, contribuye a elevar la prioridad secundaria de la obediencia y el conformismo en el hogar a primer lugar. El peligro es que no solo resulta en interacciones irrespetuosas, sino que también te ciega a la hora de ver lo que está ocurriendo verdaderamente en el interior de tu hijo, especialmente si tu hijo es un conformista. Es fácil equivocar la obediencia con una buena relación. Siempre y cuando el hijo esté haciendo lo que digas, tu relación parece ir bien. En el momento en el que la obediencia se ve amenazada, la relación se ve amenazada. Por lo tanto, para que tus hijos estén cerca de ti, deben convertirse en ti. El problema está en que si no hay una verdadera conexión entre los corazones ni valor mutuo para saber cómo afecta tu comportamiento a la otra persona, puedes obtener una actitud conformista durante todo el día delante de tu cara, pero en el momento mismo en el que ya no están en tu presencia, tus valores no los controlan. Cuando su meta es evitar el castigo, entonces no tienen ningún deseo de proteger tu corazón. Cuando están separados de ti, el castigador no está.

Experimentamos esta dinámica cuando estamos viajando por la autopista. Si se incorpora un automóvil de policía a la autopista, ¡todo el mundo tiene que acelerar! No, no es lo normal. La mayoría está pensando, "Ay, madre mía, ¡ahí viene la poli! Me conviene reducir la velocidad y dejarlo que me adelante. Me conviene estar detrás de él. ¡Qué fastidio! No había considerado que podría haber un policía hoy ahí. ¡Voy a tardar una eternidad! ¿A quién va a pillar? ¡Tiburón, cuidado!" Cuando la ley dicta el conformismo, necesitas la presencia del castigador para proteger esas leyes. Pero cuando mi corazón está conectado con tu corazón, mis decisiones están diseñadas para proteger nuestra relación sin importar lo lejos que estés de mi presencia. Vivo en tu presencia cuando mi corazón está conectado a tu corazón y el depósito que has creado en mi vida me dirige en tu ausencia.

Cuando el ministerio de Jesús en la Tierra parecía no tener fin a la vista, les dijo a Sus discípulos que tenía que irse pero que no los iba a dejar solos (Juan 16:7). No dijo: "Quiero asegurarme un buen comportamiento, por lo que dejaré aquí al Castigador. ¡Cuidado al andar!". Ni tampoco dijo, "Me voy, pero me quiero asegurar de que no se estropee esto, por lo que os dejo un Controlador". No, de alguna manera le pareció bien dejarnos al Ayudador, al Consolador, al que camina a nuestro lado, el que trae convicción, al Consejero, el que nos recuerda las cosas. El modelo mismo que tenemos del gobierno del Cielo es Ayudador, Consejero, Recordador; no un policía de tráfico. Al dejarnos al Consolador, estaba diciendo, "Voy a dejarte a alguien que te ayudará a encaminar tu vida entre la abundante libertad del Reino de Mi Padre".

¿Cómo nos guía el Consolador a la libertad? David describió la manera en la que se relaciona con nosotros cuando dice: "*Te haré entender, y te enseñaré el camino en que debes andar; sobre ti fijaré mis ojos*" (Salmo 32:8). ¿Qué tipo de fuerza ejerce un ojo sobre el comportamiento de alguien? Todos sabemos qué es el "mal de ojo", pero no está hablando de eso. No estaba diciendo, "Ten cuidado por donde pisas, amigo, lo digo en serio". Estaba diciendo, "Mírame a los ojos. ¿Qué ves? Ves mi corazón. Ves la manera en la que me estás afectando porque está en mi rostro. Te guiaré con lo que ves en mis ojos permitiéndote que veas mi corazón y cómo lo estás afectando. Y a causa de que valoras nuestra relación, sé que cambiarás tus decisiones para proteger mi corazón". Cuando Dios nos dirige con Su ojo, somos libres de escoger nuestras actitudes y comportamientos basándonos en lo que Dios nos muestra. Él dirige, nosotros seguimos, o no.

Después de declarar que nos iba a guiar con Su ojo, Dios compara esta forma de relacionarse con el control externo. Dijo: "*No seáis, como el caballo, o como el mulo, sin entendimiento, que han de ser sujetados con cabestro y con freno, porque si no, no se acercan a ti*" (Salmo 32:9). Los animales tontos necesitan un sistema externo de control porque, de no ser así, no puedes hacer que se acerquen a ti. En esencia, Dios nos dijo: "No seas como un animal tonto. Conéctate de corazón para que pueda dirigirte con mi ojo. Si actúas como un burro, tendré que tratarte como tal, y si te trato como a un burro, actuarás como tal. Si construyo un sistema de control externo a tu alrededor, dependerás de ello y no podré quitártelo porque no podrás controlarte. Habré mutilado tu vida, seguramente, si te enseño que algo que hay fuera de ti es más grande que lo que hay dentro de ti".

No importa si eres un creyente y puedes citar I Juan 4:4: "*Mayor es el que está en ti que el que está en el mundo*". No te lo crees si te sientes controlado por el mundo que te rodea. ¿Te sientes incapaz ante la pataleta del niño de pañales o el bocazas de 14 años? Si es así, estás viviendo en el antiguo paradigma, el que hizo que Pablo clamase, "*¿quién me librará de este cuerpo de muerte?*" (Romanos 7:24).

Cuando practicamos una vida en la que enseñamos a nuestros hijos a conformarse y a obedecer mediante el temor al castigo, hace que sea fácil malinterpretar lo que dijo Jesús, "*Si me amáis, guardaréis mis mandamientos*" (Juan 14:15), y piensas que quiere decir que Jesús nos quiere controlar. "Jesús me quiere controlar. Si no le doy el control, va a hacer de *camión amarillo* en algún momento. Si no doy mi cheque del diezmo esta semana, va a romperme el lavavajillas". Si ves a Dios como el gran castigador que está en el cielo, entonces piensas que es normal, natural y justo interpretar que las cosas malas de tu vida vienen de Él. Y cuando oyes que Dios es bueno y que está de buen humor, tendrás que recolocar todo tu paradigma o encontrar alguna manera en la que creer que eso no tiene nada que ver contigo. Empezarás a racionalizar, "Por supuesto que es bueno. Quiero decir, no es cruel. En realidad, es bueno para con los buenos, pero me está castigando con un látigo como en el templo". Te darás cuenta, por cierto, de que en la historia del templo Jesús no pilló a nadie. ¿No hubiera sido esa una gran historia? "Y Jesús se enfrentó al tipo arrancando a latigazos la carne de su cabeza, ¡una y otra vez!" Sabes que esa parte no está ahí, pero esa es la parte a la que nos gusta aferrarnos. La gente que quiere justificar su perspectiva de "camión amarillo" dice, "Bueno, Jesús los persiguió por el templo con un látigo". Pero, el pobre Jesús era un desastre con el látigo y no pudo pillar ni golpear a nadie. La mejor interpretación es que no estaba intentando golpearlos ni castigarlos.

Cuando Jesús dijo: "si me amáis, obedeceréis mis mandamientos", no estaba diciendo, "Oye, estamos intercambiando el Antiguo Testamento por el *Nuevo Antiguo Testamento*. Olvídate de los diez mandamientos y averigua cuáles son ahora mis mandamientos". Estaba diciendo, "Si me amas, se manifestará en la manera en la que valoras lo que te he dicho que es importante para mí. Puedo ver hasta qué punto valoras tu posición de proteger mi corazón basándome en cómo tratas lo que es importante para mí".

Cuando mi hijo mayor, Levi, se graduó del octavo curso, nos presentó esta idea a Sheri y a mí. Dijo: "Mamá, papá, quiero ir al instituto público para poder jugar al fútbol".

Inmediatamente, ambos pudimos sentir cómo la adrenalina estaba invadiendo nuestro riego sanguíneo. Pensamos en silencio: "Vaya, ahora mismo estás yendo a una escuela cristiana pequeña que tiene 12 estudiantes en octavo y un total de 45 estudiantes en secundaria. Ahora quieres ir a una escuela en la que van a entrar 500 estudiantes nuevos este año y hay un total de 1.800 estudiantes. Me pregunto cuántas malas decisiones se pueden encontrar en un campus con 1.800 adolescentes".

Por lo que le dije a Levi: "Hijo, esa idea nos asusta bastante. ¿Cómo podríamos seguir pareciendo genios si te decimos que sí a esta idea?"

Nos miró y vio que la puerta no estaba totalmente cerrada, pero definitivamente no estaba abierta. Sabía que estábamos asustados y que era su parte hacer algo con este temor. Respondió: "¿Por qué se me debería permitir acudir a este instituto? Porque no romperé el corazón de mis padres".

¡Caramba! Si solo había una respuesta que funcionaría, él la encontró. Atajó el problema. Teníamos miedo de que este chico de 14 años no fuese a proteger nuestros corazones. Pensamos que esto se convertiría en un problema que tendríamos que solucionar nosotros. Sin embargo, se responsabilizó de su mitad de nuestra relación y prometió tomar decisiones que valorasen y mantuviesen nuestra conexión.

En Mateo 7:22-23, Jesús dijo:

> *"Muchos me dirán en aquel día: Señor, Señor, ¿no profetizamos en tu nombre, y en tu nombre echamos fuera demonios, en tu nombre hicimos muchos milagros? Y entonces les declararé: Nunca os conocí; apartaos de mí, hacedores de maldad".*

Va a decir eso a algunas personas que piensan: "He estado yendo a la iglesia durante toda la vida. He obedecido las reglas. He escrito esas reglas en mi casa. Se las he enseñado a mis hijos. He intercambiado el Antiguo Testamento por el Nuevo Antiguo Testamento. Los he perseguido por la casa con un látigo. Les he mostrado Quién eres. Mis hijos tienen tanto miedo como yo. ¿Qué quieres decir con esto de que "nunca os conocí"?" La manera en la que vivimos nuestras vidas muestra a Jesús el valor que tenemos por nuestra conexión con Él. No quiere controlarnos, sino que quiere nuestro amor. No está interesado en que le obedezcamos cuando está presente el castigador, para después ignorarlo cuando pensamos que nadie está mirando.

A veces es difícil creer que esto es verdad, especialmente como cristianos, porque hemos estado practicando el temor al castigo durante tanto tiempo. Muchos cristianos tienen miedo de "ser dejados atrás" o de "perderse el rapto" porque sabemos que no estamos exentos de faltas. Tantos experimentamos una gran ansiedad ante el dilema de si Dios está contento con nosotros... La experiencia del amor no es una experiencia permanente ni convincente para muchos de nosotros. Por lo tanto, luchamos contra el temor al rechazo y al castigo.

Preparándose Para Una Vida De Libertad

El corazón de Dios para con nosotros es que aprendamos a administrar un montón de libertad. Tenemos que aprender a vivir en relación con el Ilimitado que no quiere controlarnos. Tenemos que aprender a escoger aquellas cosas que construyen una relación de amor cuando tenemos ilimitadas opciones. ¿Tomaremos decisiones por amor, libertad, paz, honor y verdad cuando podríamos escoger egoísmo, dolor, caos o mentira? ¿Estamos preparando a nuestros hijos a restringirse ante una gama ilimitada de opciones o requerimos que haya controles externos?

Considera uno de los versículos más famosos sobre la educación de los hijos de la Biblia. Proverbios 22:6 dice: *"Instruye al niño en su camino, y aun cuando fuere viejo no se apartará de él"*. Está claro que nuestro trabajo como padres es educar a nuestros hijos. En contra de lo que mucha gente piensa, sin embargo, este versículo no dice, "*Instruye al niño en el camino en el que quieres que vaya*" ni, "*Instruye al niño en el camino que crees que debe ir*", ni, "*Instruye al niño en el camino en el que tú siempre salgas ganando*". Hay un camino por el que el niño debe ir. ¿Sabes cuál es? ¿Has invertido mucho tiempo desarrollando, cultivando y facilitando ese camino por el que tu hijo debería ir? El camino por el que tus hijos deberían ir es el camino de la libertad de ser aquello para lo que han sido creados.

Piensa en el jardinero que está guiando a un rosal. Sabe que necesita podarle las ramas y atar otras a palos. Pero solo sabrá qué ramas podar o atar si entiende cuál es la mejor manera en la que crece el rosal. Dios ha puesto un designio y un destino dentro de nuestros hijos. Todos hemos sido diseñados a la imagen de Dios para tener una relación con Él. Todos hemos sido diseñados y destinados a colaborar con Él en esa relación para ver cómo se transforma el mundo que nos rodea por medio de la realidad de Su Reino. Todos hemos sido diseñados y destinados a conocer Su amor, placer y bondad. Y después, al ir tras nuestro destino de caminar en relación con Él, Él desvela el destino peculiar que cada uno tenemos como miembros de Su cuerpo. Nos ha dado a cada uno nuestra propia historia, nuestro propio capítulo dentro del más extenso relato de la historia. Como padres, nuestra meta verdaderamente es presentar a nuestros hijos una relación con Dios haciendo todo lo posible para relacionarnos con ellos como lo hace Dios. De forma más específica, Dios nos ha confiado las tareas de reconocer las cualidades peculiares de nuestros hijos que se conectan con Su llamado sobre sus vidas y la de ayudarlos a desarrollar esas cualidades a propósito. Somos mayordomos de ese camino. Es parte de nuestro trabajo el ayudar a traer ese camino a la superficie de las vidas de nuestros hijos. Tenemos que ayudarlos a que se familiaricen con ese camino para que aprendan a dirigirse en ese curso todos los días de sus vidas, en conjunción con el Espíritu Santo.

A muchos nos han enseñado que tenemos que ser instruidos en

el camino que otro piensa que debemos seguir, y nos pasamos el resto de nuestras vidas pidiendo a otro que vea si estamos yendo por el camino correcto. Nos convertimos en personas dependientes de una voz externa que es la que toma nuestras decisiones y dirige nuestra visión. El Espíritu Santo, sin embargo, opera desde dentro hacia fuera. Queremos ser aptos para enseñar a nuestros hijos a alcanzar su interior y escuchar al Espíritu Santo para que les dé dirección en el camino que deben seguir.

Para poder hacer esto, tenemos que centrarnos en ayudar a nuestros hijos a ponerse en contacto con sus corazones. Cuando disciplinamos el comportamiento en vez de enfrentar los motivos y el pensamiento que produjeron ese comportamiento, les estamos enseñando a ser gobernados de forma externa y evitamos que entren en contacto con la fuente de su poder para caminar en relación y para poder dirigirse hacia la visión de Dios para sus vidas.

Recuerdo escuchar a Bill Johnson decir que educó a sus hijos con el entendimiento de que, "Si puedo tratar con la actitud de mi hijo, tendré que tratar con menos mal comportamiento". Esto es tan poderoso porque prioriza el corazón del hijo y la relación padre/hijo. Gran parte de la educación de nuestros hijos en el camino que deben seguir es aprender a dejar de perseguir y eliminar comportamientos problemáticos. Los comportamientos problemáticos nos indican que hay un problema más profundo, un problema del corazón.

¿Qué se necesita para conocer el corazón de otra persona? Se necesita tiempo, atención y sabiduría. Tenemos que convertirnos en estudiantes de quiénes son nuestros hijos. No es tan solo un asunto de estar con nuestros hijos. No recibimos puntos extra por haber estado en el automóvil con ellos mientras los llevábamos al colegio. Necesitamos un plan y un interés en los asuntos de su corazón y en cómo esos asuntos están funcionando en sus vidas. Somos estudiantes del camino que deberían seguir y somos estudiantes para poder convertirnos en maestros de maestros en vez de guardianes y policías. Estamos pastoreando sus corazones y el corazón del asunto, que siempre es *relación*, no *comportamiento*.

Permitiendo Que Nuestros Hijos Fallen

En resumen, limitar la libertad de nuestros hijos para poder enseñarles controles externos, pequeñeces, restricciones y temor al castigo no es una estrategia que funcione a la larga. Más bien, debemos enseñarles cómo es la libertad, cómo se siente, y cómo se prospera en ella. Este es el modelo del Cielo. Eso es lo que nuestro Padre Celestial está haciendo. La mejor forma de preparar a nuestros hijos para que administren la multitud de opciones que tendrán, como hijos que son del Rey de Reyes, es invirtiendo en el desarrollo de una conexión de corazón. Esta conexión reemplaza *la industria de la falta de respeto* y presenta la *industria del honor*. La práctica del honor revolucionará el sistema familiar, porque el honor trae poder a las relaciones y a los individuos involucrados. El honor es el antídoto para el síndrome camión amarillo/camión rojo.

Una de las formas principales en las que nos demostramos honor es compartiendo el poder y el control en nuestras relaciones. Cuando ayudamos a nuestros hijos a practicar el uso del poder desde que son pequeños, se convierten en personas poderosas que no tienen miedo a las fuerzas externas. Aprenden a pensar y a solucionar sus problemas. Aprenden a sacar del poder que tienen en su interior, el poder del Espíritu Santo, para que dirija sus vidas hacia sus metas. Se convierten en personas hábiles a la hora de tomar decisiones.

No es sabio limitar su desarrollo en estas cosas hasta que son mayores. No les daríamos un violín cuando cumplan 18 años y les diríamos, "Oye, únete a la orquesta". Supongo que podríamos hacerlo, pero deberíamos saber que va a ser una lucha para ellos. Cuando mantenemos a nuestros hijos alejados de experimentar lo que significa pensar por sí mismos, tomar sus propias decisiones y experimentar las consecuencias de dichas decisiones, una de dos, o terminamos con hijos conformistas que van a ser llevados de un lado para otro cuando se vayan de casa, o con hijos rebeldes que luchan por quitarnos su libertad de nuestras manos en el momento en el que se dan cuenta de que se la hemos estado reteniendo. Muchos padres de adolescentes miran al comportamiento salvaje de sus hijos y concluyen, "Bueno, son adolescentes; necesitan su libertad". El problema, es que deberían haber sabido que sus hijos nacieron necesitando su libertad. Son seres humanos.

Por lo tanto, presentamos la libertad a nuestros hijos pequeños y les permitimos que practiquen equivocándose mientras tienen una red de protección en nuestro hogar. Cuando creamos un lugar seguro para que fallen y aprendan sobre la vida, terminarán diciendo; "Este es el lugar más seguro que tengo, aquí en casa. Puedes soportar mis errores. Puedo ser yo mismo y tú puedes descubrir quién soy. Puedo practicar la vida y puedo correr a ti en mi hora de necesidad porque eres una ayuda que siempre está presente. Quiero poder subirme a tus rodillas cuando he pecado porque es el lugar más seguro que tengo sobre la Tierra. No hay nadie que haya demostrado el amor como tú lo has hecho conmigo".

Queremos poder decir a nuestros hijos, como Jesús nos dijo en Juan 14:9, *"El que me ha visto a mí, ha visto al Padre"*. Es una versión extra grande del amor, de la libertad y de lugar seguro. No hay nada que nos pueda separar de Su amor. Para hacer esto, debemos proponer en nuestros corazones mantener una actitud hacia nuestros hijos que comunique el siguiente mensaje: "No permitiré que haya nada más importante para mí que mi conexión contigo. Tus deberes nunca serán más importantes para mí que mi conexión contigo. Tu obediencia, tu nivel de respeto y tu éxito a la hora de realizar tareas nunca serán más importantes para mí que mi conexión contigo. No hay nada que yo permita que rompa nuestra conexión en lo que a mí respecta. Y trabajaré para permitir que experimentes la verdad de esa promesa para ayudarte a que te deshagas de la ansiedad en tu vida".

Para echar fuera la ansiedad de nuestros hijos, debemos primeramente echarla de nosotros mismos. Cuando permitimos que nuestra interacción con otros haga que aumente la ansiedad, los estamos invitando a que nos muestren lo peor que hay en ellos, porque cuando la gente se asusta, manifiesta su peor faceta. Por lo que nos muestran más de lo peor que hay en ellos. Entonces nosotros les enseñamos lo peor que hay en nosotros porque nos asustamos. Cuando estos procesos de ansiedad empiezan a escalar de manera rutinaria, nos acostumbramos a las explosiones y a los episodios de gran falta de respeto porque estamos asustados. Así, debemos comprometernos a administrar nuestra ansiedad para proteger nuestras conexiones. Amar a propósito quiere decir que aprendemos a permitir que el amor perfecto eche fuera todo nuestro temor, permitir que el amor perfecto saque lo mejor que hay en nosotros y hacer que el amor perfecto sea a lo que se reduce todo en nuestros hogares, así como en el Cielo.

Cuestiones A Considerar

¿A qué se reduce todo a la hora de fijar una meta para educar a tus hijos? ¿Ves la meta de la obediencia y del conformismo como la que dirige tus interacciones con tus hijos, o la meta del amor y de la relación?

1. ¿Por qué es el amor una prioridad más importante que la obediencia?

2. ¿Era normal en tu hogar, cuando estabas creciendo, que tus padres utilizasen la intimidación como herramienta para educarte? ¿Cómo ha afectado esto a tu manera de educar a tus hijos?

3. ¿Reconoces áreas en tu propia vida y en la manera en la que educas a tus hijos en las que estés operando en el paradigma del Antiguo Testamento del control externo?

4. ¿De qué manera diferente responden los padres que no se asustan con los errores de sus hijos y los que sí lo hacen?

5. ¿Has experimentado luchas de poder asociadas con el síndrome de camión amarillo/camión rojo en tu hogar? De ser así, ¿reconoces cómo está obrando la mentira del control?

6. ¿Hasta qué punto crees y caminas en la verdad de que Jesús no quiere controlarte sino que quiere guiarte a través de una relación de corazón?

7. ¿Qué es necesario para que puedas afrontar las actitudes de tus hijos y no tan solo su comportamiento?

CAPÍTULO DOS

CAMBIANDO NUESTROS FILTROS DE LA VERDAD

Todo esto es bastante sencillo, ¿no? La verdad es que aun si dices creer todo lo que he estado compartiendo, la mayoría no lo creemos lo suficiente como para responder correctamente a nuestros hijos en sus momentos de fracaso. Nos parecemos mucho a dos mujeres que conoció mi amiga un día en el trabajo.

Mi amiga trabajaba en un restaurante en Trinity Lake que se llamaba Bear Breath Café [4]. (Si eres capaz de sobreponerte al nombre y entras en el restaurante, te darás cuenta de que es bastante bueno). Un día, mi amiga estaba atendiendo a un par de mujeres que dijeron: "¡Acabamos de volver de las Vegas! Nunca habíamos ido allí y nos lo hemos pasado de maravilla. ¿Quieres oír la historia?"

Mi amiga dijo: "Bueno, no hay mucho trabajo ahora, claro que sí".

Una de las mujeres dijo: "Pues bien, llegamos a este enorme hotel bastante lujoso y al entrar en nuestra habitación nos dimos

[4] Nota de la Traductora: Literalmente quiere decir *Cafetería Aliento de Oso*

cuenta de que había cubos llenos de monedas de 25 centavos, para que bajásemos y nos abriese el apetito por el juego. Estábamos emocionadas, por lo que fuimos directas al casino. Sabíamos que íbamos a ganar a lo grande".

Entonces, antes de continuar con el resto de la historia, la mujer dijo lo siguiente: "Ahora bien, quiero que sepas que no tengo ningún tipo de prejuicio". Después siguió contando lo que había pasado de camino al casino. Salieron de su habitación, se dirigieron por el pasillo hasta el ascensor y, cuando se abrieron las puertas, vieron que había tres hombres negros enormes en el ascensor. Las mujeres entraron y se quedaron ahí paradas. En ese momento, uno de los hombres que tenían detrás dijo: "¡Denle al piso!". Ambas mujeres se tiraron inmediatamente al suelo, ¡PUMBA! Había monedas por todas partes. Las puertas del ascensor intentaban cerrarse sobre las dos mujeres que estaban ahí tiradas en la entrada. Los tres hombres que tenían detrás empezaron a reírse de forma histérica, cosa que las mujeres no llegaban a entender. Intentando sobreponerse, uno de los hombres pudo decir, "Señora, que dé al piso al que quiere ir". Las mujeres, muertas de vergüenza, intentaron levantarse y recoger todas las monedas riéndose de forma nerviosa.

Los tres tipos se estuvieron riendo hasta que llegaron a la entrada del hotel y a las mujeres les faltó el tiempo para desaparecer.

Estas mujeres iban a quedarse en el hotel durante una semana, y cuando fueron a pagar la cuenta del hotel para irse, el recepcionista les dio la factura y una tarjeta. La factura decía, "Pagado". Abrieron la tarjeta y decía, "Señoras, gracias por el buen momento que nos hicieron pasar. No me había reído así en muchísimo tiempo". La tarjeta estaba firmada, "Eddie Murphy". Era Eddie Murphy y sus guardaespaldas los que estaban en ese ascensor.

He llegado a oír que esta aventura no es más que una "leyenda urbana" de internet, pero te digo que me la contó mi amiga. He estado contando esta historia en mis talleres durante quince años y si de verdad pasó esto o no, la moraleja sigue siendo la misma: nuestras convicciones determinan nuestra interpretación de las cosas. Esas interpretaciones dictan nuestros sentimientos y nos preparan para actuar de manera consistente con lo que creemos.

Estas mujeres no sabían quién era Eddie Murphy. Pero *sí* sabemos esto: *Tenían* prejuicios. Lo sabemos porque *lo que tú y yo creemos que es verdad es absolutamente verdad para nosotros*, y determina la manera en la que interpretamos y respondemos a nuestro entorno. Este proceso tiene lugar en cada ser humano. Nuestras creencias nos preparan para nuestras interpretaciones y esas interpretaciones generan sentimientos que nos hacen actuar. En otras palabras, pueden crear una realidad a la que responder. Esta es la razón por la que varias personas pueden estar en la misma situación o ver la misma cosa y salir con impresiones totalmente diferentes sobre lo que acaba de ocurrir. No solo eso, sino que el cuerpo humano está diseñado para prepararnos a responder de la manera adecuada ante la situación con la que nos enfrentemos. Si estamos en una situación que consideramos una amenaza, experimentamos la emoción de *temor* y nuestro cerebro segrega la cantidad correcta de adrenalina para que nuestro cuerpo esté preparado para entrar en acción. Sabemos que esas mujeres creían que estar en un lugar cerrado con tres hombres negros significaba *peligro*. Lo sabemos porque interpretaron la frase "denle al piso" como una amenaza. La adrenalina empezó a correr por sus cuerpos y el comportamiento que siguió fue de "luchar o huir" - ¡*al suelo*! Al estar con las caras en el suelo y las puertas del ascensor aplastándoles los costados, viendo cómo rodaban sus monedas, sus cerebros estaban diciendo, "¡Ves! Te lo he dicho. ¡Peligro!"

Esta es la otra parte del proceso: *reforzamos lo que creemos que es verdad con nuestro comportamiento*. Es como una cinta que se enrolla sobre la misma cosa una y otra vez. Esta historia demuestra dos cosas sobre la cinta que nos pasa por la cabeza. La primera es que la mayoría no estamos al tanto de lo que nos está diciendo. Pensamos que creemos algo, pero nuestro comportamiento revela que estamos creyendo otra cosa. La segunda es que la cinta puede estar enviándonos mensajes que no se corresponden con la realidad. Por lo que podemos creer que algo es verdad y lo sentimos como verdad pero, en realidad, no es verdad.

Cuando creemos que algo es verdad y no lo es, crea un patrón destructor en nuestras vidas que nos parece normal. Nos reímos de estas mujeres porque su idea de lo que es normal les costó parte de su dignidad. Pero, para muchos, nuestras ideas sobre lo que es normal nos están costando mucho más que eso. No solo sentimos que nuestro comportamiento es normal, sino que también sentimos que estamos justificados en nuestro error. Terminamos invirtiendo mucha energía para rodearnos de personas que creen y se comportan como nosotros, para no tener que confrontar el hecho de que estamos viviendo en una versión distorsionada de la realidad. Esto hace que sea más fácil decir, "Ves, es normal. Mira a mi familia y amigos". Y muchos de nosotros nos hemos hecho con un montón de cosas que nos parecían verdad, y que todavía lo parecen a no ser que lo confrontemos. Esta es la razón por la que debemos convertirnos en personas que estén dispuestas a examinar su comportamiento y preguntar de dónde viene, personas que buscan la verdad sobre la realidad. No vamos a poder enfrentar las actitudes y el corazón que hay detrás del comportamiento de nuestros hijos si no lo hacemos en nosotros mismos.

¡Odio las serpientes! Recuerdo cuando el solo hecho de ver una en la televisión me ponía la piel de gallina. Ver cómo se mueven por la arena me era especialmente duro. He matado una buena cantidad de serpientes porque creo que son peligrosas. Un amigo estaba en casa no hace mucho, contándonos una historia sobre un día que salió con su familia y se encontró con una serpiente cascabel que alguien, como yo, había matado y dejado al lado del camino. El hijo de mi amigo fue corriendo a la serpiente y estaba devastado porque alguien había hecho algo así. Gritó: "*¡Papá!* ¡La han matado! ¿Por qué querría hacer nadie algo así? ¿Por qué querría nadie matar una serpiente?" Yo permanecí callado durante el relato. Mi hijo estaba sentado ahí mientras mi amigo nos contaba los detalles de cómo toda su familia se había entristecido con este incidente. Yo estaba de piedra. Nunca había conocido a nadie que *amase* a las serpientes. Todos mis amigos *normales* piensan como yo; también odian a las serpientes. Ahora tengo un amigo que tiene serpientes *mascota* en su casa y quiere que vaya y las conozca. Mi creencia sobre las serpientes está siendo confrontada.

¿Qué Es Normal?

Como mencioné en el capítulo anterior, obtenemos nuestra idea sobre lo que es normal de nuestras familias, de las personas que tienen una influencia más directa sobre nosotros durante nuestros años formativos. A veces, la primera vez que reconocemos claramente esto es cuando dejamos nuestras familias para casarnos y empezar a formar nuestra propia familia. "¿Qué? ¿Nunca te has echado kétchup en los tacos? ¡Estarás bromeando! Creía que a todo el mundo le gustan los tacos así". Miramos a la familia de nuestro cónyuge y nos damos cuenta de que, "Tu familia es rara". Lo interesante es que nuestro cónyuge está diciendo lo mismo.

Parte de la razón por la que somos bastante inconscientes de lo que creemos de verdad es que lo hemos creído durante mucho tiempo y, en gran parte, lo hemos creído desde antes de crear un *filtro de la verdad* – esto es, la habilidad de separar lo verdadero de lo falso. Cuando somos niños, dependemos de nuestro entorno para que nos diga lo que es bueno y lo que es malo. Como nosotros, nuestros hijos están descargando información constantemente y aceptando la realidad que les está siendo ofrecida sin utilizar ningún filtro.

Podemos decirles (como, seguramente, nos dijeron nuestros padres), "Es hora de acostarse. Debes acostarte y dormirte inmediatamente, porque esta noche un hombre con un traje rojo y blanco va a aterrizar en nuestro tejado, se va a deslizar por la chimenea que no tenemos y va a dejar regalos por toda la casa. Vamos a dejarle leche y galletas". Los niños se van a dormir, se despiertan por la mañana y dicen, "¡Toma! ¡Hay regalos! Han mordido una de las galletas. ¡Todo es verdad!"

"Sí, y también hay un conejito que va saltando por todo el mundo esta noche y va escondiendo huevos por toda la casa. ¿Qué tienen que ver los conejitos con los huevos? No lo sé. No es importante. Va a dejar una cesta de chocolate. ¿De dónde viene? Tampoco lo sé". Pero no pasa nada, porque el niño sale por la mañana, ve la cesta de chocolate del conejito y concluye, "¡Para mí! Voy a comerme el chocolate. ¡Es verdad!"

Después seguimos explicando que comer dulces está bien porque cuando se les caen los dientes hay un hada[5] que viene y les cambia los dientes por dinero si los ponen debajo de la almohada.

Los niños no tienen la capacidad de decir "¡Vaya montón de tonterías!", o, "Esto no me suena a cierto". Un niño de 5 años no va a decir, "Perdón, pero estás equivocado". En sus primeros años, están orientados a confiar en su entorno y permiten que éste defina su realidad, que desarrolle su "verdad". Tu *verdad* es un montón de creencias sobre la realidad a la que te aferras al crecer para poder interpretar la realidad. Recuerda, lo que crees que es verdad, es totalmente verdad para ti. Por lo que la pregunta que todos nos tenemos que hacer es, "¿Qué he aprendido como cierto durante mi niñez? y, ¿son ciertas esas creencias?" Esto nos ayudará a identificar la verdad que estamos instaurando en los corazones de nuestros propios hijos.

[5] Nota de la Traductora: en la cultura española sería un ratón – el ratoncito Pérez

Mentiras Que Creemos

La mentira que dice que "podemos controlar a los demás" es la mayor mentira que hay en las relaciones humanas. Si podemos ser liberados de esta mentira tan bien arraigada, entonces hay esperanza de que podamos cambiar la dinámica que crea tanta ansiedad entre las personas.

La gente debe sentirse poderosa para poder sobrevivir en su entorno. La mayoría de los entornos humanos cuentan con más humanos. Para que la gente se sienta poderosa en presencia de otras personas, debe averiguar la manera en la que sus propias necesidades sean suplidas. Esta dinámica nos lleva a procesos en nuestras relaciones que nos presentan poderes verdaderos y poderes falsos.

La Violencia Es Poder

Introducir la violencia en una relación como forma de hacerme más poderoso que tú es un método tan antiguo como los primeros hombres de las cavernas. La meta de este método es tanto abrumarte como intimidarte con mi mayor poder. Una vez que te he abrumado, deberías estar controlado por la amenaza de que estoy dispuesto a continuar con este comportamiento. Recuerda, la gente debe sentirse poderosa en su entorno. Algunos lo hacen mediante la violencia, otros intentan hacerse poderosos dando a los violentos lo que quieren.

Cuando un adulto no es capaz de hacer que un niño haga lo que él quiere, o que deje de hacer algo que no quiere que haga, el adulto frecuentemente introduce la dinámica de la violencia en la relación para controlar al niño. La meta es conseguir la obediencia y el conformismo. A ninguno de estos dos fines les falta nobleza, pero el método del dominio y de la intimidación es una violación directa de las leyes del Reino de Dios.

Como padres, debemos volver a evaluar nuestros métodos y entender las dinámicas que estamos generando en nuestras familias. Una vez más, I Juan 4:18 nos enseña, *"No hay temor en el amor. El amor perfecto (maduro) echa fuera al temor, porque el temor tiene que ver con el castigo. El que teme no ha sido perfeccionado (madurado) en el amor"* (Nueva Versión Internacional). Nuestros métodos de disciplina y educación deben reducir el temor y la ansiedad, y no generarlos.

Este es un buen momento para hablar del tema de las palizas. Cuando sugerí que la implementación de la violencia en la relación promueve la mentira, sé que corro el peligro de atacar una herramienta clave para muchísimos padres. Para reducir tu nivel de ansiedad, aun ahora, te diré que hemos pegado a cada uno de nuestros hijos en algún momento. Habiendo dicho esto, quiero que sepas que es una manera muy diferente de afrontarlo a como tú te imaginas. Hablaré de esto más adelante, pero es importante que sepas que cuando la utilizamos como herramienta debería reducir la ansiedad en nuestra relación.

El Enfado Es Poder

Creer que la violencia me hace poderoso, obviamente destruye las conexiones relacionales y para la mayoría es inaceptable si la relación va a continuar después de sobrepasar cierto punto. Sin embargo, establece un fundamento para la presentación de la siguiente dinámica: el enfado me hace poderoso. Si la amenaza del uso de la violencia se ha establecido como forma en la que obtener poder, entonces el enfado es el método para invocar esta amenaza y acceder a dicho poder. Aprendemos muy pronto en la vida qué enfados temer. Si somos testigos de cuando alguien se vuelve violento con otra persona, entonces creemos que podría volver a pasar. Someterse ante el enfado de estas personas parece ser la manera de evitar esa violencia dirigida hacia nosotros.

Para la mayoría de las personas esto es difícil de aceptar porque no nos gusta dar cabida a la idea de que se nos vea como personas que abusamos de los demás. No nos gusta cómo suena ser temidos por los que tanto amamos. Pero cuando nuestra meta es la obediencia y el conformismo, entonces tenemos que implementar un método que produzca dicho fin. Debemos tener el control sobre los demás.

Podemos ver esta dinámica cuando los padres se ven atrapados con sus hijos en el automóvil y éstos se están portando mal. “Si tengo que parar el automóvil e ir ahí atrás, te vas a arrepentir. Detente ahora mismo porque si no, voy a parar el automóvil. ¡Lo digo en serio!”. Todo esto para infundir cierto sentimiento de poder. ¿Qué vamos a hacer si paramos el automóvil? Vamos a introducir violencia. Pero, de momento, estamos confiando en que nuestras iracundas amenazas produzcan el mismo resultado.

Se Nos Puede Controlar Y Podemos Controlar A Otros

El hecho de experimentar permanentemente la ira castigadora de alguien y la demanda de control, nos lleva a creer que podemos ser controlados. La práctica de rendir nuestro autocontrol para evitar el castigo, crea la convicción de que está ocurriendo sin nuestra cooperación, que no tenemos ninguna otra opción que la de dar a la persona enfadada lo que quiere de nosotros. Aprendemos a no tener poder en la presencia de nuestros padres y, por lo tanto, somos las víctimas de su enfado. Por esto, llegamos a creer que podemos ser controlados por otras personas y se nos presenta una dinámica devastadora: la culpa.

La culpa es, dicho en pocas palabras, dar el poder a otra persona para que dirija y cambie mi vida. Cuando culpo a alguien, he dicho, "No puedo cambiar a no ser que tú cambies. No puedo perdonar a no ser que tú cambies. No puedo amar a no ser que tú cambies. No puedo ser libre a no ser que me dejes salir de la prisión". La costumbre de culpar surge de la convicción de que no tenemos poder en nuestras relaciones. Parece lógico decirnos que no somos responsables porque algo o alguien es más poderoso en mi mundo externo de lo que soy yo por dentro.

Al no estar dispuesto a vivir sin poder, las personas con miedo a que sean otros los que los controlen buscan una manera de controlar a los demás. Si puedo ser controlado, entonces otras personas pueden ser controladas y, por lo tanto, yo puedo controlar a otros. Oímos frases cuando somos niños como, "¡Me pones de los nervios!" "Si no hubieras dicho eso, no habría tenido que pegarte". Éstas y otras experiencias crean en nosotros el dogma erróneo de que podemos hacer que otras personas se comporten de cierta manera. La violencia, el enfado y la amenaza de usar ambas cosas (la violencia y el enfado) en nuestra relación, se convierte en la práctica común entre las personas que intentan sentirse poderosas.

Violencia = Poder

Enfado = Poder

"Otros me pueden controlar".

"Puedo controlar a otros".

Aprendemos algunas cosas en casa que, en realidad, no son ciertas, pero ya te digo que parecen serlo porque seguimos reforzándolas mediante las cosas que hacemos. ¿Cómo respondes ahora cuando alguien está enfadado? ¿Cómo respondes cuando alguien no hace lo que tú quieres que haga? Te introduces en su sistema de valores y dices, "¿Sabes qué? Puedo hacer que las cosas ocurran. Mira esto". Y la gente saldrá corriendo, especialmente si metemos algo de enfado y va dirigido a ciertas personitas. Eso refuerza esas mentiras porque usaste tu pócima mágica y las cosas ocurrieron como era de esperar. Esta es la razón por la que queremos repasar y tener cuidado con lo que creemos que es verdad.

Nadie Te Controla Aparte De Ti

Así que, ¿cómo creamos un nuevo "normal" en nuestro hogar? Empezamos captando la revelación de una importante verdad.

El autor Steven Covey cuenta la historia sobre un día que iba en un vagón del metro, exhausto después de un largo día de trabajo y disfrutando de este pacífico viaje de vuelta a casa. El metro se para, la puerta se abre y entra un hombre con sus cuatro hijos. Los niños empiezan a divertirse corriendo de un extremo del vagón al otro, gritando mientras lo hacen. Covey, que estaba intentando disfrutar de su viaje a casa, se estaba frustrando cada vez más por la manera en la que este padre estaba permitiendo que su progenie corriera salvajemente en el compartimento y, aparentemente, le daba igual dicho comportamiento. Al cabo de un rato, uno de los niños se tropezó con una mujer de edad que estaba sentada en el banco. Ella emitió un sonido de dolor, y el hombre se hartó. Se levantó de un salto y fue hacia el padre diciendo, "Oiga, ¿no ve lo que está ocurriendo en este vagón con sus hijos?"

El hombre le miró medio dormido, y con un tono distante dijo:

"Vaya, lo siento. Acabamos de volver del hospital. Su madre acaba de morir. Y estoy seguro de que no saben qué hacer".

Sorprendido por esta información, el hombre enfadado dijo: "Oh, lo siento tanto. Quédese sentado. Déjeme que lo ayude con sus hijos".

El hombre agitado pasó de enfadado a ayudador en cuestión de un segundo. ¿Por qué? Porque acababa de obtener nueva información. Recibió una revelación. En un momento cambió lo que creía que era cierto acerca de la situación. Y los comportamientos cambiaron a la par que surgió la nueva información que afectó a su sistema de valores.

La siguiente declaración es la revelación que necesitamos tener si es que vamos a sintonizar nuestros paradigmas relacionales con la verdad: *No puedes controlar a las demás personas, y nadie te puede controlar aparte de ti mismo.* Alguien te puede poner una pistola en la boca y decir, "Niega a Jesucristo". Y sigues teniendo dos opciones.

Darse cuenta de esta verdad es la clave para tomar la iniciativa de controlarte y permanecer fiel a tus convicciones. La capacidad de manejar a tus hijos y a ti mismo dirigiéndote a las metas que tienes como padre descansa en la habilidad de *decirte lo que hacer y hacerlo* sin importar lo que ellos hagan o estén haciendo. ¿Puedes controlarte a *ti* sin importar lo que los niños estén haciendo? Al igual que Dios, nosotros queremos poder decir a nuestros hijos, "Seré un padre amoroso y respetuoso sin importar lo que hagas".

Pero, muy a menudo, cedemos nuestro dominio propio ante el error de nuestro hijo, de nuestro cónyuge, de nuestros padres, de nuestros amigos, o demás personas. Cuando entregamos nuestro dominio propio a otros, dejamos de pensar y nuestras emociones entran en acción. Y cuando las emociones empiezan a revolotear, es como estar intoxicado, lleno de veneno. Cuando nuestro cerebro no funciona muy bien y tenemos emociones peligrosas como el temor y el enfado yendo de un lado para otro, ten cuidado. Es aquí donde nos metemos en problemas.

Las reacciones de enfado y de temor ante los errores de las personas revelan que en algún lugar de nuestras mentes todavía pulula esa creencia fundamental del Antiguo Pacto, no solo que la gente *puede* ser controlada, sino que *necesita* ser controlada, y necesita ser controlada por medio del castigo. Tienen que experimentar el dolor de nuestra ira para que no cometan errores que nos hacen sentir que no tenemos el control. Pensamos: "Debo controlarlos para poder tener control sobre la calidad de mi propia vida".

Temor O Amor

Cuando permitimos que los errores de otros nos dirijan, desentendiéndonos de la meta de ser amorosos y respetuosos, estamos sometiéndonos a un espíritu de temor. El temor es lo principal que reina en la vida de una víctima, en la vida de la persona que está motivada por un sistema externo de controles. Recuerda, "*el temor tiene que ver con el castigo*" (I Juan 4:18 NVI). El temor y la intimidación tan solo pueden gobernar el hogar de los que creen que pueden y deben controlar a los demás cuando cometen errores utilizando el enfado y la violencia para llevarlo a cabo.

Lo que es aún más destructivo es que esos temores y comportamientos dirigidos por el temor son frecuentemente identificados con el amor. Cuando mi esposa era una adolescente, se enfrascó en una guerra verbal con su padre. Durante el intercambio él la abofeteó. Estupefacta, se quedó ahí agarrándose la ardiente mejilla. Él se dirigió hacia ella y la sujetó por los hombros gritándola a la cara, "¡Dime que me quieres!". El amor estaba a mil kilómetros de distancia en esos momentos. Ella sencillamente endureció su corazón hacia él e intentó sobrellevar los duros años que tenía por delante. La mayoría de nosotros, como padres, tenemos cosas que hemos hecho para controlar a nuestros hijos de las que no estamos orgullosos, pero intentamos demasiado a menudo convertir estas debacles en mensajes de amor. De nuevo, el temor y el amor están totalmente en contra el uno del otro: "No hay temor en el amor. Sino que el amor perfecto echa fuera el temor porque el temor trae consigo el castigo. El que teme no ha sido perfeccionado en el amor". Si queremos crear una *normalidad* para nuestras relaciones como familia en la que el amor gobierna nuestras interacciones, entonces debemos negarnos a asociarnos con ningún tipo de temor ni de castigo.

El Espíritu Santo que vive dentro de nosotros nos equipa con todo lo que necesitamos para responder a nuestros hijos y a los demás que tenemos en nuestras vidas sin temor, de hecho, responderlos de tal manera que echemos fuera el temor. Es importante que entendamos que el Espíritu Santo es el verdadero Espíritu de *poder*. El enfado y la violencia son poderes falsos que se aferran a nosotros cuando estamos siendo controlados por el temor. La razón por la que se nos ha dado el Espíritu de poder es porque necesitamos poder. Se necesita poder para aferrarse al dominio propio y controlarse en presencia de las pataletas, de la falta de respeto y de otras crisis infantiles. Enfrentados a estas cosas, consideramos que ha sido un buen día cuando eres capaz de controlarte durante todo el día y en ese buen día deberías escuchar, "Te has dicho lo que debes hacer y te has obedecido. Felicidades. Échate la siesta. Seguramente estés agotado". La realidad es que caminar en el fruto espiritual del autocontrol es *sobrenatural*. Pero como creyentes que hemos sido resucitados de entre los muertos y tenemos al Espíritu de Dios viviendo en nosotros, lo sobrenatural debería ser exactamente lo que hay en nuestras vidas.

El fruto de la presencia de Dios en nuestras vidas es dominio propio:

> *"Mas el fruto del Espíritu es amor, gozo, paz, paciencia, benignidad, bondad, fe, mansedumbre, templanza; contra tales cosas no hay ley".* (Gálatas 5:22-23)

Lo interesante es, que cuando creemos que somos los únicos que nos podemos controlar y ejercemos ese poder de autocontrol, en nuestra relación con un Dios amante, con nuestro cónyuge y nuestros hijos, estamos asociándonos con el Espíritu Santo y estamos invitando a que Su Reino gobierne en nuestros hogares. Pero cuando nos asociamos con un espíritu de temor, invitamos al reino de la intimidación, de la manipulación y del enfado a que reine. Verdaderamente, el entorno espiritual de nuestros hogares se reduce a la presencia del temor o del amor. No importa cuáles sean tus intenciones ni tus metas como padre. El hecho es que estás cultivando ya sea un entorno espiritual amoroso o uno de temor en tu hogar, y eso es lo que realmente está influenciando a tus hijos.

El Poder De Nuestras Palabras

El espíritu que gobierna nuestro entorno se manifiesta en las palabras que hablamos. Es de vital importancia darse cuenta del poder que es liberado cuando el aire sale haciendo vibrar nuestras cuerdas vocales. Las palabras griegas y hebreas para *espíritu* también son las palabras para *aliento* y *viento*. ¿Qué es lo que pasa por tus cuerdas vocales cuando hablas? Es espíritu. Esta es la razón por la que la Biblia dice, "*La vida y la muerte están en el poder de la lengua*" (Proverbios 18:21) y, "*de la abundancia del corazón", -o espíritu- "habla la boca"* (Mateo 12:34). Al hablar creas un espíritu a tu alrededor.

Las palabras son un catalizador espiritual. Cualquiera de nosotros que haya sido educado en un entorno hostil, en el que un espíritu de temor fuese el principado dominante, sabe que las palabras de ese entorno estaban perpetuando el temor. Los que han crecido en un entorno apacible, saben que las palabras y la manera en la que las personas se las decían, cultivaban, preservaban y protegían esa paz. Estamos creando una atmósfera con las palabras mismas que decidimos utilizar. Entender este hecho eleva mi "permiso verbal" a un nuevo nivel de responsabilidad. La antigua máxima de mamá, "Si no tienes nada bonito que decir, no digas nada", se convierte ahora en, "No des poder a los espíritus malignos de tu entorno". Y si no tienes algo bueno en tu corazón, trata con tu corazón. No dejes que salga de la jaula. No crees el hábito de decir, "Lo siento, no quise decir eso. Lo siento, no debí haberlo dicho. ¿Puedes perdonar a mamá y a papá por la manera en la que te hemos criado y por la atmósfera que hemos creado a tu alrededor?" Una vez más, si vamos a intentar ayudar a que nuestros hijos sean mayordomos de sus propios corazones, entonces debemos estar haciendo eso mismo con nosotros. Nuestros hijos no van a ser los que lideren la creación de la atmósfera de nuestros hogares. Tal vez lo intenten. Tal vez tengan personalidades brillantes. Pero si tú no cambias, harás de nube.

Por supuesto, nuestras acciones también fluyen de nuestros corazones y, por lo tanto, contribuyen de igual manera a la atmósfera espiritual. Pueden llegar a hablar más alto que nuestras palabras, especialmente cuando se trata de crear límites para nuestros hijos, tema del que hablaremos en el siguiente capítulo. Pero no podemos olvidar que cuando abrimos la boca, estamos tratando con la vida y con la muerte. Nuestra tarea es crear un fluir constante de palabras de vida en las vidas de nuestros hijos. Cuando aprendemos a mirar a nuestros hijos y a ver su potencial y destino en Dios, y aprendemos a liberar el poder de vida a través de nuestras palabras, nos convertimos en un canal para que Dios dispense Su corazón y gracia en ellos. Nuestras palabras tienen la capacidad de crear cosas en los corazones de nuestros hijos. Éstas también penetran y sacan a la superficie cosas que ya estaban ahí.

Un día hace años, mi esposa, Sheri, recibió una llamada de la escuela pidiéndole que viniera a recoger a nuestro hijo, Levi. Levi había estado pasando por una época difícil. Estaba en segundo de primaria y no leía. Y lo desafortunado de la escuela es que insisten que aprendas a leer y escribir. Para él, ir a la escuela significaba sufrir una experiencia dolorosa cada día. Bueno, este era un día más en la escuela, por lo que Sheri fue a recogerlo. Cuando llegó allí, él estaba esperando a la puerta de la escuela con su mochila.

Sheri pensó para sí, *Allá vamos. Mis palabras son espíritu y yo tengo visión para mi hijo. La llevo en mi corazón y en mi vida. Llevo dentro lo que quiero que tenga.*

"¿Un día difícil?" le preguntó Sheri.

"¡Dichosa mochila!" Se metió en el automóvil.

Sheri fue hasta la tienda y entró con Levi. Él iba detrás de ella. De repente ella se paró en mitad del pasillo, se volvió a él y le dijo: "Levi, hijo mío, estoy tan orgullosa de ti". Él la miraba con un solo ojo, casi sin mirarla.

En el siguiente pasillo, ella se paró y lo señaló. "Levi, hijo mío, estoy tan orgullosa de ti". El niño siguió evitando su mirada.

Un par de pasillos después lo repitió otra vez. "Levi, hijo mío, del que estoy tan orgullosa". Una vez más, la respuesta fue mínima.

Volvieron al automóvil y se dirigieron a la oficina de correos. En el automóvil, ella extendió su mano, la colocó en el pecho del niño y dijo: "Levi, hijo mío, del que estoy tan orgullosa". Esta vez él la miró con un poco de fe en sus ojos.

Llegaron a casa y empezaron a descargar la compra. Cuando Levi entró con una bolsa de comida, Sheri lo señaló y le dijo: "Levi, hijo mío... "

Esta vez, él la interrumpió con una sonrisa y terminó la frase, " del que estás tan orgullosa".

Hasta el día de hoy, Sheri o yo podemos decir, "Levi, hijo mío " y Levi dirá, "Ya sé, ya sé del que estoy tan orgulloso".

Es crucial que cuando tus hijos te miren a los ojos, sin importar las circunstancias que los están agobiando, lo que vean es a alguien que cree en ellos. Tienes el poder de llamar "*las cosas que no son como si fuesen*" (Romanos 4:17). Pero ese mismo poder puede causar devastación cuando un niño se encuentra con un padre enfadado y de boca irresponsable. Como padres, llevamos de manera especial esta poderosa responsabilidad. Somos muy poderosos. Dirige ese poder con cuidado.

Cuestiones A Considerar

¿Has llegado a descubrir que lo que considerabas cierto no era congruente con la manera en la que terminabas respondiendo ante una situación, especialmente cuando experimentabas una emoción fuerte como el temor o el enfado? Describe la situación y lo que has aprendido sobre lo que crees.

1. ¿Por qué es la culpa tan destructiva?

2. ¿Por qué es importante poder decirte lo que debes hacer para después hacerlo? ¿En qué área de tu vida necesitas más fruto de dominio propio?

3. La gente puede tener mucho ingenio y disciplina para evitar el castigo. ¿Cómo se diferencia esto del fruto del dominio propio?

4. ¿Por qué es más importante y más poderoso estar motivado por la meta de ser una persona amorosa y respetuosa que por la meta de nunca cometer errores?

5. ¿Permites que los errores de otras personas te hagan salir del sendero de ser amoroso y respetuoso en tus metas? De ser así, ¿puedes ver cómo está obrando el espíritu de temor? ¿Crees que Dios tiene el poder que necesitas para permanecer fiel a tus prioridades?

6. ¿Cuál es el entorno espiritual que estás creando con tus palabras? ¿Haces una práctica de hablar vida y destino a la vida de tus hijos?

CAPÍTULO TRES

Protegiendo Tu Jardín

Examinemos algunas prácticas que requieren cambios en nuestras creencias. He mencionado varias veces que necesitamos métodos nuevos que edifican amor en vez de temor. En estos próximos tres capítulos, quiero presentarte tres responsabilidades diferentes que debes abrazar como padre para poder establecer un entorno en tu hogar que esté libre de castigo, lleno de amor y de respeto. Estas tres responsabilidades fluyen directamente de los valores y verdades centrales de las que hemos estado hablando. Resumiendo, nuestra meta como padres es enseñar a nuestros hijos a caminar en relaciones sanas. El corazón de una relación sana es el amor y, por naturaleza, el amor requiere una elección. Así, lo fundamental que queremos dar a nuestros hijos es la capacidad de ejercer y gobernar su poder de elección para poder dirigirlo hacia el amor. Para alcanzar esta meta, tu primera responsabilidad como padre es cuidarte y controlarte, cosa que consideraremos en este capítulo. Tu segunda responsabilidad, de la que hablaremos en el capítulo siguiente, es establecer y aplicar límites saludables con tus hijos ofreciéndoles opciones y consecuencias. Y en el capítulo final, consideraremos la tercera responsabilidad, que es dirigir a tus hijos para que tengan un alto valor por su conexión contigo ayudándolos a entender cómo sus elecciones afectan a esa relación, especialmente cuando llega el punto de tener que ayudarlos a enmendar sus errores.

Siendo Un Guardián

II Crónicas 23 relata la historia de un avivamiento que tuvo lugar en Israel cuando Joás fue proclamado rey. Ya que Joás tenía tan solo 7 años cuando fue coronado, el que primero se movió en este avivamiento fue el sacerdote Joiada. Una de las cosas significativas que hizo Joiada se narra en el versículo 19: "*Puso también porteros a las puertas de la casa de Jehová, para que por ninguna vía entrase ningún inmundo*". Aparentemente, gran parte de los requisitos para que la relación de Israel con Dios se restableciese y para restaurar el templo de Dios, dependía de asegurarse de que el templo estaba protegido de intrusos.

Creo que se puede decir lo mismo de nosotros como padres. Somos el templo del Espíritu Santo. Como padres, somos los guardianes, no solo de nuestras propias vidas, sino también de las de nuestras familias. La salud y la felicidad de nuestras familias están directamente relacionadas con nuestra salud y felicidad como padres. Estamos creando la atmósfera. Estamos impartiendo a nuestros hijos lo que somos. Y a no ser que aprendamos a sostener y a proteger nuestra propia salud y felicidad, no pasará mucho tiempo antes de que estemos impartiendo falta de salud y tristeza a nuestros hijos. Solo podemos ofrecer a los demás lo que tenemos.

Aprender a cuidar bien de nuestros hijos comienza con aprender a cuidar de nosotros mismos. Esto es lo que aprendemos cada vez que montamos en avión. Cuando las azafatas dan su discurso, explican lo que hay que hacer en caso de que baje la presión en la cabina: Póngase su máscara de oxígeno primero y después ayude a sus hijos y vecinos a que se pongan la suya. Si no te cuidas, no vas a durar lo suficiente como para ayudar a otra persona. Tienes que dar un gran valor al hecho de cuidarte bien. En algún punto del camino, alguien nos ha enseñado que el padre agotado, quemado, frustrado y amargado es el buen padre. De alguna forma eso es algo santo y noble. En realidad es señal de que no estás recibiendo el suficiente oxígeno.

Para poder cuidarnos, tenemos que aprender a establecer límites saludables con nuestros hijos. Tenemos que poner una *valla* alrededor de nuestro jardín, con *verja* y todo.

Cuando nuestra familia se volvió a mudar a Weaverville hace años, descubrimos que había dos tipos de agricultores. Estaban los que se habían estado dedicando a ello durante bastante tiempo, y los que se acababan de mudar desde la ciudad para empezar una nueva vida. Ahora bien, todos los que llevaban cierto tiempo dedicándose a ello, tenían este artefacto de alambre en sus huertas. Era espantoso. Normalmente tenía vegetación muerta colgando por todas partes. Cuando entrabas en el vecindario pensabas, "Hace daño a los ojos. ¿Por qué pondría nadie eso en su huerto?" Las personas nuevas se decían que no iban a colocar una de esas cosas. "No lo vamos a hacer; es horrible".

Observamos a medida que empezaba la primavera y todos los hortelanos salían a sus terrenos para prepararlos y sembrar y poner el sistema de riego para que todo estuviese bonito. Día tras día salían y cuidaban sus huertas y día tras día se daban cuenta de que estaba dando resultado. Pequeños brotes de hojas verdes empezaban a salir de entre la tierra. Día tras día cuidaban de ese material verdoso. Se podía notar cómo crecía el entusiasmo a medida que llegaba el día en el que cosecharían el fruto de su trabajo. De repente, un día, los horticultores nuevos y sin experiencia salieron a sus huertas y se dieron cuenta de que había algo diferente. Sus preciosas hojas verdes se habían reducido a palitos que salían de la tierra. Asombro e incredulidad los invadieron de lleno y luego empezó a levantarse la ira. Estaban enfadados, devastados y ofendidos. *¿Cómo podía pasar esto?* Se conoce como "naturaleza". La naturaleza tomó su curso. Habían sido las víctimas de la población de ciervos del condado de Trinity.

Al otro lado de la calle estaban los hortelanos experimentados que tenían a los ciervos tumbados apaciblemente al otro lado de sus vallas. Día tras día, estos agricultores sacaban lo que sea que quisiesen dar de comer a los ciervos. No querían matar a los ciervos. De hecho, les gustan los ciervos. Parecía que los ciervos añadían estética y ambiente a sus idílicas vidas hortelanas.

Ser padres tiene mucho que ver con la agricultura en Weaverville. Como padre, debes encontrar la manera de poner una valla con una puerta alrededor de tu huerto. Después, debes escoger quién entra y quién sale para poder proteger la calidad de tu vida. Eres el único responsable de la calidad de tu vida. No es la culpa de ninguna otra persona. No es la responsabilidad del ciervo cuidar de tu huerta. Por el mero hecho de pensar que estás siendo amable y sacrificado y paciente y buena persona, no significa que te sientas menos devastado cuando descubras que tus hijos, o tal vez tu cónyuge o familiares políticos, no son herbívoros ni carnívoros sino *oportunívoros*. Y están buscando la oportunidad de festejar en las riquezas que tienes en tu vida. Tienes que estar al tanto de esta situación. Tienes que valorar lo que tienes dentro y hacerte personalmente responsable del huerto que tú tienes que cuidar. No es la responsabilidad de ninguna otra persona

Los límites dan la sensación de valor a lo que hay encerrado dentro. Si tienes varios vehículos medio desguazados en un campo, se le llama *estercolero*. Si pones una valla alrededor de esos automóviles, entonces tienes un *desguace*. Y, si pones un edificio alrededor de esos vehículos, tienes un *garaje*. Cada vez que estableces más límites, incrementas el valor de lo que hay dentro. Cuando elevas el nivel de lo que requieres antes de permitir el acceso a alguien, incrementarás el valor de lo que tienes. A todos los que están cerca les estamos enviando un mensaje claro sobre el nivel de valor que tenemos hacia nosotros mismos por la forma en la que establecemos límites.

Cuento la historia de los ciervos porque algunos padres cristianos tienen la tendencia a ser más pasivos y a no confrontar a sus hijos. Los padres pasivos no tienen vallas alrededor de sus huertos porque el estilo relacional pasivo dice, "Tus necesidades importan; las mías no". Frecuentemente, estos padres luchan por obtener una respuesta respetuosa de sus hijos porque han hecho una buena tarea transmitiendo a sus hijos el hecho de que no se respetan a sí mismos. Sus propias necesidades no son importantes para ellos, por lo que ¿por qué deberían valorar los hijos lo que los padres necesitan en la relación?

También hay padres cristianos que son más agresivos y enseñan a sus hijos que es labor del hijo mantenerse a cierta distancia de seguridad de los padres. Tienen una valla eléctrica alrededor de su huerto. Acércate mucho y te fríes. Su estilo agresivo dice, "Mis necesidades importan; las tuyas no". Hay serias lecciones de camiones amarillos y camiones rojos en estos hogares.

Pero ninguno de estos estilos es el que queremos enseñar a nuestros hijos porque, en ambos casos, alguien está siendo irrespetuoso. Queremos que aprendan que en una relación sana y respetuosa, las necesidades de ambas partes importan.

Otra clave para establecer límites saludables, es decirles a los que te rodean lo que vas a hacer en vez de intentar que otros hagan algo por ti. Esta clave también se utiliza en *Amor y Lógica*. Como padres, es fácil meterse en la rutina de ladrar en vez de decir lo que queremos. "Recoge eso. Ven. Deja de hacer tanto ruido.

Sé amable con tu hermano". Nuestros hogares están llenos de la práctica ilusoria de controlar a los demás. Pero ya que no creemos en el "abracadabra", ¿qué vamos a hacer? Empieza a decir a los demás lo que tú vas a hacer. Practica ser poderoso controlando algo que *puedes* controlar, esto es, tú mismo. Di cosas como, "Te escucharé en el momento que tu tono de voz sea tan pacífico como el mío. Tómate tu tiempo". O, "Me ocuparé de tu pelea con tu hermano, como si fuese un árbitro. Solo cobro diez euros por cada pelea que arbitro. ¿Estás listo? Vamos". Cuando decimos estas cosas, tenemos la capacidad de implementar lo que decimos que es importante para nosotros, y no requiere que otras personas nos cedan el control sobre sus vidas. Sencillamente controlamos lo que podemos controlar.

Escuché la historia de una mujer que era excelente a la hora de decir a su hijo lo que iba a hacer en vez de intentar que él hiciese algo que no quería hacer. Un día llegó a casa del trabajo y se encontró a su hijo de 9 años con su uniforme para el fútbol. Dijo: "Tenemos que ir al partido, mamá. Me dijiste que iríamos en el momento que llegases a casa".

Ella respondió: "De acuerdo. ¿Has pasado la aspiradora?"

Él dijo: "Mamá. No he tenido tiempo. Solo llevo en casa dos horas".

Ella dijo: "Tal vez. Me encantaría llevarte a tu partido en el momento que acabes de pasar la aspiradora. Tómate tu tiempo".

El dijo: "¡Qué! ¿No me vas a llevar ahora mismo?"

Ella dijo: "Me encantaría llevarte en el momento en el que termines de pasar la aspiradora. Tómate tu tiempo".

"¡Caramba! Eso no es justo".

"Lo sé".

"Me dijiste que si me apuntaba al fútbol tendría que ser puntual y que se suponía que tenía que ser responsable":

"Eso es cierto. Y en el momento que acabes de pasar la aspiradora estaré encantada de llevarte".

"El entrenador se va a enfadar un montón contigo. Soy el portero".

"Tal vez. Me encantará llevarte a tu partido en el momento que termines de pasar la aspiradora".

"¡Aspirar es trabajo de mujeres!"

"Muy agudo". Ella se fue de la habitación porque quería alejarse lo más posible de la boca de su hijo. En unos minutos escuchó un ruido. Era la aspiradora. Poco después, su hijo vino y le dijo: "Bueno, he terminado. ¿Nos podemos ir?"

Ella dijo: "Por supuesto que sí". Fue a inspeccionar el suelo y dijo: "Buen trabajo. Vámonos".

¿Divertido O No Divertido? Esa Es La Cuestión

Aprender a establecer límites respetuosos es un arte que requiere gran sabiduría y mucha práctica. En primer lugar, necesitarás sabiduría para entenderte. Con esto quiero decir que necesitarás algo de retroalimentación de tu entorno. La gente más allegada te puede ilustrar sobre cómo afectas a las relaciones que te rodean o cómo pareces verte afectado por los que tienes a tu alrededor. Si eres pasivo y te asusta la confrontación, tal vez no te des cuenta de cómo afecta a tu estilo relacional. Las personas que observan esto de primera mano en tu vida son algunas de las mejores fuentes de información. Si eres agresivo y no es divertido estar contigo, entonces es necesario hacerse con un grupo de gente valiente para que te confronte. Hacer este tipo de cambios puede ser difícil, pero fortalecerán tu capacidad de crear una calidad mejorada de vida mejorada ti y para los que te rodean.

Con todo lo importante que es que te entiendas, es igualmente importante que entiendas qué tipo de "invasor de huertas" es con el que estás tratando. Tu descubrimiento te llevará a determinar el tipo de límites que debes establecer. Para algunos, nuestro mayor invasor es el conejito de rabito blanco y esponjoso que viene y mordisquea. En esos casos necesitamos una valla de un metro de alto. Otras veces lo que tenemos son ciervos intentando entrar en nuestra huerta, por lo que necesitamos una valla de cuatro metros de alto y, tal vez, reforzada por la parte de arriba. Y algunos de nosotros vivimos con toros bravos que necesitan una valla electrificada con alambre de púas. Se reconoce qué tipo es por la manera en la que responden ante niveles inferiores de límites. Si establecemos en nuestras vidas un límite con alguien y parece ignorarlo, entonces empezamos a intensificar los límites para ayudar a que la persona se dé cuenta de lo importante que es este área para nosotros. Pero conoce a tu predador, porque si usas una valla de un metro con un toro bravo, ni siquiera se dará cuenta, y si utilizas una valla electrificada con los conejitos, estarás preparándote la cena. Tendrás que practicar con estos límites a la vez que tendrás que ser consciente de cómo están afectando a los demás tus límites en tus relaciones.

Uno de los límites que establecí con mis hijos cuando eran pequeños lo aprendí de *Amor y Lógica*, y se llamaba *compañía divertida*. Quiere decir: "Esto es lo que se necesita para poder estar conmigo durante bastante tiempo". ¿Has visto alguna vez a un niño de dos años con el que no es divertido estar? Utilizamos la herramienta de *compañía divertida* para comunicar a nuestros hijos, "Espero que puedas respetar lo que necesito para poder estar contigo. En el momento en el que empieces con tus pataletas, no será divertido".

Quieres que tu hijo aprenda, lo antes posible, que hay dos personas en esta relación. Eso quiere decir que hay dos conjuntos de necesidades. Tú vas a proporcionarle seguridad, libertad, honor y poder. También tienes que enseñarle que necesitas las mismas cosas. La mayoría no podemos, no debemos, aguantarnos con "no es divertido" durante mucho tiempo. Si permanecemos en esa condición durante demasiado tiempo, adivina qué nos va a ocurrir. Nos vamos a convertir en "compañía no divertida". Cuando no es divertido estar con nosotros, y no es divertido estar con ellos, adivina quién sufre más. Nuestra relación.

Imagínate un niño que está haciendo lo que denomino el grito del Pterodáctilo. *¡Yiiiiik! ¡Yiiiiiik! ¡Yiiiik!* ¿Sabes a lo que me estoy refiriendo? Para mí no es nada divertido estar con él. Así que, de manera rápida y eficiente empiezo este proceso:

"¡Oye! No es divertido. ¿Vas a ser divertido o te vas al cuarto?"

"¡Yiiiiik!"

"Decides tú o decido yo".

"¡Yiiiik!"

"¿Vas andando o te llevo a cuestas?"

"¡Yiiiik!"

"No hay problema".

"¡Yiiiik!"

Llevas a cuestas al niño a la habitación. Al llegar a la habitación lo informas, "Puedes salir de la habitación cuando seas divertido. Tómate tu tiempo". Después sales de la habitación. Adivina dónde está el pequeñín ahora. Adivinaste bien, pisándote los talones. Te das la media vuelta y dices, "¿Divertido o habitación?"

"¡Yiiik!"

"No hay problema", dices, y empiezas a dirigirte hacia el niño. "¿Caminando o llevado a cuestas?"

El niño, que nació para ser libre, sale corriendo a su habitación porque no quiere ser llevado allí otra vez.

En un diálogo interno, el niño se está diciendo, "¡Toma ya! No me has llevado a mi habitación. Yo me he metido solito en mi cuarto. ¡Toma ya! ¿Quieres vértelas conmigo? ¡Ja! Espera un momento. ¿Qué estoy haciendo en esta habitación? ¿Estoy castigado? Solo tengo dos años. ¿Se supone que tengo que estar aquí dos minutos? De todas formas, ¿qué es un minuto? No me voy a quedar aquí. Nadie me puede obligar. Voy a salir". Y el niño sale de la habitación y empieza a volver al espacio del adulto.

Mientras tanto, tú estás en la cocina fregando los platos. Mirando por el ojo que tienes en la nuca, dices con una gran sonrisa, "¡Oye! ¿Divertido o habitación?"

El niño se ve confundido con la sonrisa. Estaba buscando a un adulto enfadado. Tienes pinta de estar contento. ¿Cómo puede ser?

Podemos volver a jugar la carta de *no divertido*, pero con el paso del tiempo se dará cuenta, "Espera. ¿Estás de broma? ¿Me estás diciendo que solo estás intentando que te sonría? Bueno, ya he probado *habitación* dos veces. Aquí vamos ". Y el niño te da una sonrisa.

"¡Una sonrisa! Muy bien. Eso es *compañía divertida*".

Y ahí termina la lección sobre el dominio propio. Tu hijo aprende muy pronto que hay dos conjuntos de necesidades en cualquier relación. Satisfacer ambos conjuntos es algo importante, sin importar lo mayor o joven que seas. Si vamos a practicar el amor y el honor, entonces hasta nuestros bebés deben practicar. Es muy importante que enseñemos a nuestros hijos que requerimos respeto y dominio propio para poder compartir el mismo entorno con ellos. Es sorprendente lo rápido que captan este concepto y lo listos que son en realidad.

Mi hijo, Taylor, es el más pequeño. Lo hemos enseñado así desde que nació. Cuando tenía unos dos años, estaba intentando meter su vaso en la bandeja de arriba del lavavajillas. Empezó a tener una pataleta. Dije: "¡Oye, oye! ¡No es divertido! ¿Divertido o habitación?" Me sonrió y me dijo: "Divertido". En un segundo escogió ser divertido. Ves, los niños son sorprendentes. Pueden pensar y solucionar problemas ya que poseen el dominio propio y el poder para hacerlo aunque nosotros, frecuentemente, no esperamos que vayan a utilizarlos y, por lo tanto, no lo hacen. Dales la oportunidad y estoy seguro de que te impresionarán.

Ahora, cuando establecemos límites respetuosos para nuestros hijos, les estamos enseñando a establecer los suyos. Una de las mayores alegrías que he experimentado es ver cómo mis hijos establecen límites en sus relaciones con otras personas. Han aprendido a requerir respeto en las relaciones, hasta de los adultos.

Creo que establecer límites respetuosos con ellos también les ha ayudado a entender más sobre cómo el Señor interactúa con ellos. ¿Te has dado cuenta alguna vez de que el Espíritu Santo es atraído por algunas cosas y repelido por otras? ¿Te has dado cuenta alguna vez de que cuando es divertido estar con nosotros, el Espíritu Santo está ahí? Pero cuando estamos amargados y castigamos a los demás con nuestra actitud, terminamos preguntando, "¿Dónde se ha ido el Espíritu Santo?" No sentimos ni Su presencia ni Su paz. Dice, "¡Vaya! ¿Y ahora qué vas a hacer? ¿Recuerdas lo que es importante para Jesús? ¿Recuerdas lo que dijo que había que hacer en momentos como éste? ¿Quieres mi ayuda con esto o quieres arreglártelas tú solito?" (Juan 14:26). Al final cuando nos arrepentimos, ¿a que no sabes qué ocurre?

Volvemos a experimentar Su presencia. "Compañía divertida" es una clave que se puede utilizar durante toda la vida para las relaciones.

¡Desconectando El Botón Rojo!

Cuando nuestros hijos crecen un poco y se vuelven algo más listos, sus episodios de "compañía divertida" se van a volver un poquito más sofisticados. En pocas palabras, van a aprender a responderte y, cuando no están siendo divertidos, sus palabras pueden parecer desafiantes, creadoras de controversia y de falta de respeto. Y ese es el gran botón rojo que la mayoría de los padres cristianos tienen en el pecho, *la falta de respeto*. Los padres hacen todo lo posible por evitar que los hijos pulsen este botón. Saben lo mal que esto los hace sentir interiormente, por lo que enseñarlos a que no sean irrespetuosos con los padres se convierte en una prioridad ¡de por vida!

Cuando un niño empieza a pensar, *hoy me siento sin poder. ¡Quiero sentirme poderoso!* Ahí va, el niño lanza por su boca algo irrespetuoso y el padre dice, "*¡aaaay!*" Al niño no le resulta difícil hacer que el padre pierda los estribos. Lo consigue con solo disparar un misil de falta de respeto. Los niños, de manera muy natural, se dan cuenta de que los padres no tienen defensa alguna contra la falta de respeto. Así que los padres están aterrados ante esta situación.

Es especialmente difícil para nosotros cuando permitimos que nuestros hijos nos controlen mediante este temor, porque su nivel de respeto disminuye. Eso ocurre porque los asusta entregar sus vidas a una persona a la que pueden controlar. Es muy difícil confiar en un líder al que puedes controlar. Por lo que necesitamos saber cómo movernos para que estos tipos no consigan apretar nuestros botones, sin importar la manera en la que aticen o instiguen tu psique.

Tus hijos están aprendiendo teniéndote delante y deben entender que no te puedes tomar su aprendizaje como algo personal. El hecho es que los problemas con los que están tratando tus hijos son los mismos con los que están tratando el resto de los niños del planeta. Allá por donde voy, pregunto a los padres sobre el tipo de asuntos a los que se enfrentan con sus hijos y, constantemente, la lista es muy parecida en todas partes: falta de respeto, desobediencia, irresponsabilidad, pataletas, pazguatería, rivalidad entre hermanos, ser respondones, intimidación, baja autoestima, tareas del hogar o deberes. Estos problemas que tenemos con estos pequeños son problemas humanos muy universales. Están ocurriendo por todo el planeta. Están ocurriendo ahora mismo en China. En este mismo segundo, alguien está respondiendo mal a su padre en algún lugar del mundo. Estos asuntos no son un reflejo de lo que hiciste a tus hijos. *No son tu culpa.* Estos niños están en un viaje de aprendizaje. Déjales que aprendan.

Los padres que piensan que el problema de su hijo es el de ellos, terminan teniendo problemas. De hecho, terminan sintiéndose como la persona que están intentando arreglar: miserables. Cuando se toman los errores de sus hijos personalmente, están permitiendo de forma efectiva que las áreas en las que sus hijos se quedan cortos determinen quiénes son ellos como padres. La única manera en la que podemos *responder* en vez de *reaccionar*, ante los errores de nuestros hijos, es permaneciendo desconectados de dichos errores.

Recibí un correo electrónico de una joven madre que había obtenido un resultado positivo en esta área:

Danny,

¡Hola! Tenía que compartir esta gran historia contigo.

El sábado por la noche vi uno de los DVD de *Amando*

a Nuestros Hijos a Propósito. Me resaltó algo enorme. Hablas acerca de establecer límites con nuestros hijos de tal manera, que se supone que no debemos reaccionar cuando ellos están haciendo de las suyas –gritando, chillando, lo que sea– porque eso les resta de la lección que están a punto de aprender. Eso ha marcado un punto de inflexión para mí. Se me encendió más de una bombilla; ¡todas las luces se encendieron!

Así que, al día siguiente, mi hija de 4 años quería hacer algo. Le dije que por supuesto lo podía hacer después de que hubiese limpiado tres cosas. Le mostré los tres pequeños proyectos que tenía que completar y después seguí con lo que yo estaba haciendo. Mi esposo estaba sentado en el sillón mientras que todo esto estaba ocurriendo. No me sorprendió para nada cuando se tiró al suelo y empezó a expresarse con todas sus ganas. Fue bonito. Protestó y demás. Hasta cambió de tema y me dijo lo horrible que era yo. Gritó durante más tiempo y más fuerte que nunca. Usamos todo el dominio propio que teníamos para *no* hacer ni decir nada aparte de "lo sé". Pero lo hicimos. Durante todo este tiempo, mantuve mi voz calmada y sinceramente triste por ella mientras yo seguía con mi limpieza. Mi "lo sé" nunca se convirtió en un ladrido. ¡Eso fue tremendo! Todo siguió igual durante unos 20 minutos. Pilló tal berrinche que hasta me pidió que la llevase en brazos. En el pasado, hubiera dejado a un lado su responsabilidad durante un momento para consolarla. Esta vez, sin embargo, dije: "Me encantará auparte en el momento que hagas esas tres cosas". Gritó más que nunca antes… ¡va en serio! Yo seguí con mi, "lo sé". Entonces, Danny, la vi por el rabillo del ojo cómo se levantaba y hacía todo lo que le había dicho que hiciera y en el orden en el que se lo había dicho. No se había olvidado de nada. Sabía lo que tenía que hacer y, en el momento en el que decidió hacerlo, lo hizo perfectamente. Sonreí con la mayor sonrisa y para mis adentros grité, *"¡Sí!"* Fue maravilloso. Funcionó, Danny. Después me dijo: "Ahora, mamá, ¿me puedes llevar en brazos?" Y le dije: "Claro. Estoy deseando auparte". Ahí se acabó todo.

Esa media hora ha hecho que fuese el mejor día como madre de mi vida.

Gracias; Leslie.

Después de leer esta historia, puede ser que estés pensando, "Está bien, pero ¿qué pasa con la falta de respeto que tuvo la niña hacia su madre?" Ese es el gran botón rojo, ¿recuerdas? La niña no podía entenderlo cuando intentó una y otra vez apretar su botón sin que no pasase nada. En ese punto, la niña se dio cuenta de que su madre era una persona muy poderosa. Pero lo que vemos es que esta madre no tenía botón. "Me encantará auparte en el momento en el que hayas terminado". No le dijo lo que tenía que hacer. No amenazó su vida. No le mostró uno de los "martillos". Le dijo lo que *ella* iba a hacer cuando la niña terminase. Es una mujer muy poderosa, no está controlada por otro ser humano. Y esta niñita aprendió que era la única responsable de su problema y que debería encontrar una solución rápidamente.

Pausas Mentales

Tal vez te hayas dado cuenta de que además de decir a su hija lo que iba a hacer, esta madre tenía unas respuestas muy sencillas y cortas ante sus protestas. Dijo una y otra vez, "lo sé" mientras que su hija estaba teniendo una pataleta. "Lo sé", "Tal vez", "Podría ser", "No lo sé", "Buen intento" son algunas de mis favoritas. Estas frases cortas tomadas de *Amor y Lógica* son tus mejores compañeras cuando tu hijo quiere discutir contigo. Son tu cordura.

Son la forma en la que puedes poner tu mente en punto muerto mientras que la otra persona está intentando llevarte por la Calle de la Amargura. Ayudan a convertirte en una especie de nube, algo que no reacciona, algo que no puede ser controlado. No estoy hablando de hacerte el despistado o de ignorar a tu hijo. Recuerda, quieres crear una oportunidad para que tu hijo encuentre una solución porque verdaderamente tiene un problema. En realidad solo puedes utilizar esto con éxito cuando tu actitud hacia tu hijo es una de amor y de confianza. El amor que le tienes hace que desees que aprenda a hacer esto.

El peor momento del mundo para intentar tener una conversación razonable con tu hijo es cuando está teniendo una pataleta, cuando está pariendo una vaca entera delante de tus narices. Emocionalmente hablando, tu hijo está totalmente deshecho. Este es un buen momento para que tan solo seas una nube. "Lo sé. Tal vez". Y el niño terminará diciendo, "No es divertido estar contigo. Me voy de aquí". Esto es lo que tú estás esperando de todas formas. Allá va para intentar averiguar qué pasa. Tal vez más tarde, cuando el pensador vuelva a pensar, podrás repasar todo el asunto. Pero cuando tu hijo está fuera de control, es el peor momento para enzarzarte en una lucha. Tu hijo no está buscando soluciones, está buscando víctimas.

Esa víctima puedes serlo tú si quieres, pero recuerda, tienes otra opción. Si no te apetece ser una víctima, entonces te animo a que memorices las siguientes frases cortas. Ponlas a modo de tatuaje en tu brazo, en la palma de la mano, o en el interior de tu párpado. Necesitas una manera de tenerlas a mano para que cuando tu hijo diga, "¡Qué asco! ¡Qué idiotez! ¡Eso es injusto!", el piloto automático se encienda.

Así es como iría un posible diálogo con estas frases cortas:

"¡Qué estupidez! ¡No es justo!"

"Lo sé".

"¿Sabes que no es justo?"

"Probablemente".

"¡Es la cosa más cruel que jamás me has obligado a hacer!"

"Es posible".

"¿Por qué te estás comportando como una friki?"

"No lo sé".

Estás diciendo a tu hijo, "Yo soy la nube y soy inamovible. Sí, te amo y estoy bien. Mientras luchas con tu problema y averiguas dónde vas a poner tu respeto, yo soy la nube. Voy a controlarme mientras tú luchas contigo mismo. No controlo ni tu actitud ni tu boca. En el momento que lo intento, empiezo a perder esta batalla".

Cuando siembras una cierta semilla, crecerá ese tipo de planta. Cuando intentas controlar a otro ser humano, estás sembrando semillas de falta de respeto. No me importa si piensas que tú eres el padre y el rey del planeta. Eso no importa. No puedes controlar a otro ser humano. No hay camiones amarillos en el Cielo. Cuando lo intentas, estás siendo irrespetuoso. Pero no te preocupes, porque llega el tiempo de la siega. Y este momento llega cuando ya no tienen miedo de que los vayas a matar: la adolescencia. Son algo más poderosos, y empiezan a decir cosas como, "¡Eso no está bien! ¡Eso no es justo! ¡No me puedes controlar! Lo voy a hacer de todas formas y no puedes hacer nada para impedírmelo". Si seguimos intentando controlar a la gente que está empezando a sentirse poderosa, ¡cuidado! ese tipo de luchas de poder dañarán peligrosamente tu relación con tus hijos.

"Oh, No" Y "No Hay Problema"

"Oh, no" y "No hay problema" son también respuestas que están particularmente diseñadas para ayudar a tus hijos a responsabilizarse de sus errores y problemas. Cuando tu hijo comete un error enorme, gordo, peludo, tienes que poder responder: "Oh, no". Y asegurarte de que siente el amor en esto, porque "Oh, no" significa, "Lo siento tanto por ti, y sé que esto te va a doler un poco. Pero todo va a salir bien, porque sé que eres tan listo como cualquiera y vas a aprender algo de esta consecuencia que está por sobrevenirte. ¿Has oído eso? No es un tren de mercancías; es una consecuencia y se acerca por unas vías que pasan por tu lado. Te amo muchísimo mientras que todo esto está ocurriendo en tu vida".

Quiero que mis hijos sientan el peso de la responsabilidad de sus decisiones. Quiero que practiquen y aprendan sobre la vida de tal manera que se parezca a la vida real que sobrevendrá en su vida adulta. Por ejemplo, imagina que tu hija llega a casa del colegio anunciando lo siguiente:

"Oye, mamá, me he dejado la mochila en el autobús".

"¡Oh, no! Te has dejado la mochila en el autobús".

"Sip".

"Oh, no".

"Bueno. Eh, mamá, eh, bueno, eh, me llevé a Spooky, el hámster, a la escuela ayer y no te lo conté. Esto, Spooky está en la mochila".

"¿Spooky está en tu mochila? ¡Oh, no! Hace tanto calor hoy. ¡Pobre Spooky!"

"Sí, eso es lo que estaba pensando".

"¿Qué vas a hacer?"

"¿Qué voy a hacer?" Y tu hija empieza a tener un diálogo interno intentando dilucidar esta respuesta: "Oye, mamá. Aquí es cuando te enfadas porque soy muy irresponsable. Tengo 8 años. Sabes que no puedes confiarme mi propia vida. Vas a tener que dejar salir algo de vapor, gritar por esto para después meternos en el automóvil y salir pitando gastando mucha gasolina mientras arreglamos mis errores".

"Sí, querida, ¿qué vas a hacer?"

"Mamá, tengo 8 años. ¿Qué puedo hacer?"

"No sé, cariño".

"Pero, ¿qué te pasa, mamá? ¿Por qué estás tan calmada?"

"No lo sé".

"Spooky se está torrando en un autobús en alguna parte, y todo lo que sabes decir es "ya lo sé" y "no lo sé"".

"Probablemente".

"Esto es mucho más serio de lo que piensas".

"Es posible. ¿Quieres que te ayude?"

"Sí".

"Bueno, si éste fuese mi problema, empezaría con la guía telefónica y vería si puedo llamar a alguien en el lugar donde aparcan los autobuses. ¿Podrías intentar hacer eso?"

"Solo tengo 8 años. No sé utilizar la guía".

"Oh, no".

"¿Me puedes enseñar?"

"Me encantaría".

Esta lección nos podría llevar a una aventura que incluye aprender sobre el hecho de que las guías telefónicas hacen que sea difícil para la mayoría de los adultos educados llamar al colegio. Puede haber una lección sobre cuánto cuesta que alguien te lleve por ahí para que puedas rescatar a tu hámster. Un hámster es una lección bastante barata. La mayoría de nosotros estamos más interesados en solucionar el problema inmediato que en el hecho de que nuestros hijos aprendan a responsabilizarse de sus vidas. Pero no te preocupes, porque si no lo aprenden mientras son niños, vendrán a tu casa cuando sean adultos. Ahí es cuando dirás "Oh, no" de verdad.

"No hay problema" es otra frase de *Amor y Lógica* que ayuda a tu hijo a que piense por sí mismo. Quiere decir, "Yo no tengo ningún problema. Pero seguramente a ti se te avecina uno".

"¡No voy a hacerlo! ¡No me puedes obligar!"

"No hay problema".

Recuerda que debes ser capaz de decir esto con una sonrisa en la cara. Una sonrisa solo puede estar en la cara de la persona *que no tiene un problema.* Cuando nuestros hijos nos desafían o están luchando con sus problemas, la mayoría de nosotros no tenemos una sonrisa. Nuestras caras dicen que somos personas con problemas. Esto solo funciona cuando tu mirada "es dulce" y tienes una sonrisa. "No hay problema" también nos recuerda que en esta situación nosotros no somos los que tenemos el poder para arreglar las cosas. Tenemos que comunicar a nuestros hijos: "Es tu problema, por lo que volveré cuando hayas podido pensar otra vez. Pero, ahora mismo, veo que estás teniendo una crisis emocional. No voy a intentar hacerte ver ni que quieras lo que quiero. Voy a esperar, y estaré contigo cuando estés listo para responsabilizarte de esto para lo que solo tú tienes el poder de solucionarlo.

Fortaleciendo La Confianza: Di Lo Que Quieres Decir

Todas estas son herramientas magníficas que te ayudan a proteger la salud y la felicidad de tu huerto. Pero, una vez más, lo mejor que puedes hacer para establecer límites respetuosos con tus hijos es que se te dé bien el decirte lo que debes hacer y dejes de decir a los demás lo que deben hacer ellos. A muchos nos parece una muestra de poder saludable y justa ir ladrando nuestras órdenes a nuestros hijos para que den un salto y nos obedezcan. Tenemos marcado en nuestras mentes: "Nuestros padres nos ladraban las órdenes. Todos los que tienen poder y autoridad en nuestras vidas nos ladran las órdenes. ¿No es eso lo que hacen los jefes?"

Pensemos un poco en esto. ¿Nuestra meta como padres es obligar a que nuestros hijos se conformen o queremos algo más alto que eso? Al meramente intentar que nuestros hijos hagan lo que nosotros queremos, nos perdemos una oportunidad de oro: la oportunidad de enseñar a nuestros hijos cómo pensar por sí mismos, cómo solucionar problemas, cómo tomar decisiones responsables tanto en nuestra presencia como fuera de ella. ¿Sabemos lo que está pasando en el corazón del niño cuando interactuamos con él? ¿O solo nos preocupa que *coloque ese calcetín en el cesto de la ropa sucia?* Nosotros decidimos.

Cuando ladramos nuestras órdenes, tenemos que darnos cuenta de que estamos intentando parar la lluvia. Cuando decimos a nuestros hijos, "*No me hagas muecas, jovencito*", lo que de verdad estamos diciendo es, "Oh, por favor, por favor, por favor, no me desobedezcas". Cuando decimos, "¡Deja de hacer eso *ahora mismo*!" nos convendría añadir, "Porfis, porfis". Porque, de nuevo, el hecho es que tenemos cero poder para implementar ninguna de las dos órdenes. Lo que controlas –recuerda que estamos hablando en el mejor de tus días– es a ti mismo. ¿Quieres sentirte poderoso? Di a tus huesos dónde deben ir, cuánto tiempo se tienen que quedar ahí, qué meterte en la boca y qué no permitir que salga de tu boca. Si quieres sentir que no tienes poder, di a los demás lo que deben hacer. Intenta que otras personas hagan lo que tú quieres para que tú puedas sentirte bien. Dales todo el poder sobre tu bienestar. Esa es la receta para tener un mal día. Una forma maravillosa de establecer límites respetuosos en nuestras relaciones, es aprendiendo a decir a los demás lo que vamos a hacer y dejar que sean ellos los que decidan cómo se lo van a tomar.

Cuando decimos lo que queremos decir, y queremos decir lo que decimos y hacemos lo que hemos dicho que vamos a hacer, entonces somos *dignos de confianza*. Nuestras palabras significan algo. Pero debilitamos nuestras palabras cuando lanzamos amenazas o frases que no podemos implementar como, "¡No me hables así!" o, "¡Sé amable con tu hermano!".

También debilitamos nuestras palabras cuando empleamos mucho tiempo dando lecciones. Me gusta preguntar a los padres que hacen esto, "¿Cómo te está funcionando ese método?" Y normalmente supongo que no funciona. El punto en el que captas la atención y el respeto de tu hijo no está determinado por la cantidad de ruido con el que puedes llenar la atmósfera o por la cantidad de palabras que eres capaz de pronunciar. Se determina demostrando que quisiste decir lo que dijiste. Eso es lo que hace que tus hijos se conviertan en creyentes. ¿Os acordáis del maestro de Charlie Brown? "Gua, gua, gua, gua, gua, gua". Así suenas a un niño que no te está escuchando. El niño dice, "¿Qué? Estoy escuchando. ¿Terminaste? ¡Te oí!"

Pero, ¡ay madre!, todavía no has terminado: "Gua, gua, gua,

gua, gua". Te impresionas a ti mismo con lo que dices, los puntos que tocaste, las analogías de tu niñez que tienen relevancia para el caso que te traes entre manos y el hecho de que era una oportunidad de oro para aprender algo. Ni siquiera te das cuenta de que no tenías audiencia. Si quieres marcar la diferencia, entonces aprende a hacer algo y no simplemente a hablar sobre algo.

Una de mis historias favoritas de *Amor y Lógica* versa sobre una directora de instituto que una vez tuvo un grandísimo problema. Las chicas de segundo curso acababan de descubrir el pintalabios, y los espejos del cuarto de baño estaban llenos de marcas de labios porque las chicas estaban intentando plasmar una huella perfecta en el espejo. Los de la limpieza se estaban volviendo locos. Cada día tenían que limpiar todos esos espejos grasientos en cada baño escolar de chicas. Teniendo a los de la limpieza a punto de formar una revuelta, esta directora decidió convocar a todo el mundo a una asamblea y hacer un anuncio. Les iba a enseñar el martillo.

Reunió a todo el mundo y dijo: "¡Escuchad! A cualquiera que se le pille poniendo los labios en el espejo de mi escuela va a arrepentirse. ¿Nos estamos entendiendo? ¿He sido clara?"

Los chicos se estaban mirando preguntándose cómo podían pillar algún pintalabios, porque ahora sabían cómo volver loca a la directora. Bueno, el anuncio no funcionó. El problema empeoró. Envió una circular a los padres de los estudiantes. Eso tampoco funcionó. Comisionó al profesor más duro a que hiciese su labor. Eso no funcionó. Después llamó a Jim Fay, fundador de *Amor y Lógica*, para que hiciese lo que sabe hacer. Tomó un avión para ir a la escuela y reunirse con la directora.

Jim y la directora estaban en el pasillo cuando una de las cuidadoras se acercó a ellos y dijo: "Perdón, pero no he podido evitar oír que está ayudándonos con el problema del pintalabios. ¿Puedo ayudar?"

Jim Fay dijo: "Bueno, todavía no se me ha ocurrido ninguna solución. Pero lo que usted pueda hacer, hágalo".

La cuidadora preguntó cuándo era el primer recreo y la directora le dijo que a las 10:30. Así que a las 10:30, la cuidadora llevó su carrito al cuarto de baño de las chicas. Hizo girar el carrito de una manera dramática para asegurarse de que tenía la atención de todas las chicas. La cuidadora dijo: "Oh, perdón". Mientras todas miraban, cogió el limpiacristales y la esponja, se dirigió al retrete, metió la esponja dentro y después la restregó por los espejos. Las chicas se quedaron ahí paradas mientras que pasaba el limpiacristales y esa esponja por los espejos.

Una a una todas las chicas empezaron a gritar: "¡Qué asco! ¿Qué está haciendo?"

La cuidadora se volvió hacia ellas. "¿Qué? ¡Siempre lo hago así!"

¿Qué más quedaba por decir? ¿Qué se podría añadir para que lo entendiesen y aprendiesen una lección? Nada. Tenían ciertas decisiones que tomar.

Los niños son muy listos. Necesitan un poco de buena información para ponerse a trabajar. No necesitas demasiadas palabras. Deja que sean tus acciones las que hagan la mayor parte de la charla y enséñales que cuando dices que vas a hacer algo, lo dices en serio. Haz lo que has dicho que vas a hacer. Les digo a mis hijos: "Puedes hacer eso si quieres, pero yo no lo haría". Y empiezan a pensar, "¿Por qué no?" No es mi tarea el pensar por ellos. Gritar no me ayuda. Puedes seguir adelante si quieres, pero yo no lo haría.

Cuestiones A Considerar

1. ¿Has entendido bien la prioridad de cuidarte? ¿Cuáles son algunas de las cosas que haces para tratar con el estrés y cómo te funcionan?

2. ¿Qué estilo relacional es el que más te va, el pasivo o el agresivo (o el pasivo-agresivo)? ¿Necesitas hacer ciertos ajustes a la hora de valorar tus propias necesidades o las necesidades de los demás?

3. ¿Te ves ladrando órdenes? Piensa en ciertos escenarios en los que quieres que el comportamiento de tu hijo cambie y después piensa en declaraciones que comuniquen lo que *tú* vas a hacer.

4. ¿Has permitido que tus hijos te controlen con el gran botón rojo de la falta de respeto? ¿Cómo ha afectado esta práctica a tu conexión con ellos?

5. ¿Cuáles son algunas áreas de las vidas de tus hijos en las que puedes permitirles que tomen más responsabilidad y cometan sus propios errores (lugares en los que las consecuencias no sean demasiado caras)?

6. ¿Hay áreas en el comportamiento de tus hijos que has intentado cambiar mediante largas charlas? De ser así, ¿cómo puedes crear límites en esas áreas para tus hijos diciéndoles lo que vas a hacer para luego hacerlo?

CAPÍTULO CUATRO

OPCIONES

Ahora que entendemos la prioridad de cuidarnos, vamos a considerar nuestra segunda responsabilidad como padres: capacitar a nuestros hijos. He hablado algo sobre establecer límites con nuestros hijos en lo que respecta a "ser divertido". Pero hay muchas más técnicas que queremos que aprendan nuestros hijos que el mero control de su mal humor cuando están en nuestra presencia. Los exponemos a este mundo de responsabilidad ofreciéndoles opciones, muchas opciones. Recuerda, el primer ejemplo que tenemos es la escena del Huerto. Dios ofreció a Sus chicos opciones. Me pregunto ¿por qué?

En mis talleres, siempre hago este ejercicio en particular para demostrar la profunda necesidad humana de libertad y dominio propio. Normalmente lo hago cuando he pasado una hora o más con la audiencia y he "marcado" a mi víctima. Elijo a la mujer más dulce que pueda encontrar. Le pregunto el nombre y, después, mientras sigo sentado al frente de la habitación, le pregunto: "¿Cómo te sientes si te hablo desde esta distancia?"

Me responde: “Bien”.

Entonces voy y me coloco a su lado y digo: “Y ¿ahora?”

Se pone algo nerviosa y dice: “Está bien”.

Después pregunto: “¿Qué tal si te pongo las manos alrededor del cuello?”

La audiencia se ríe nerviosamente y ella responde: “No, no me gustaría”.

Entonces digo: “¿Y si te saco de esa silla, te tiro al suelo y no dejo que te levantes? ¿Qué harías?”

Dice: “Gritaría”.

Respondo: “No dejo que te levantes y nadie aquí puede hacer nada para ayudarte. ¿Qué harías ahora?”

Una vez estaba trabajando con una mujer llamada Sara. Habíamos llegado a este punto en el ejercicio y preguntó: “¿No vas a dejar que me mueva?”

Respondí: “No”.

“¿Estás seguro?”

“Sí, señora”.

Muy tranquilamente respondió: “Bueno, está bien, supongo que tendría que abrirme camino entre tus brazos y meterte el dedo gordo en el ojo hasta tocar tu cerebro”.

Di un salto atrás de forma muy dramática, encogiéndome de temor fingido de Sara.

Se rió y dijo: “Pero me dijiste que no ibas a dejar que me moviera”.

La audiencia rompió en risas.

Ahora bien, ¿cómo he conseguido que la dulce Sara se convirtiese en una maníaca homicida toca cerebros? Sencillamente, no respetando su necesidad de control – autocontrol. Con cada paso, estaba amenazando su capacidad de controlarse, hasta que fue presa del pánico. Estaba dispuesta a hacerme daño y, en este caso, a matarme. ¿Porque ella era cruel y rebelde? No, era porque debe tener su libertad. Si tiene que hacerme daño para recuperar su autocontrol, entonces escogerá esa opción.

Un día, cuando Levi tenía unos 3 años, Sheri tuvo que despertarlo de la siesta, vestirlo y meterlo en el automóvil para recoger a Brittney que estaba esperando en la escuela. Estaba nevando, por lo que tuvo que abrigarlo bien y ponerle las botas. Estaba aún un poco adormilado después de su siesta e inmediatamente empezó a luchar con la mano de Sheri, que la tenía en el tobillo intentando meterle la bota. Sheri se dio cuenta de que la lucha tenía que dejar de ser entre el pie del niño y su mano para que tuviese lugar en el cerebro del niño, entre sus dos orejas. Le preguntó: "Levi, ¿quieres llevarte tu osito de peluche o prefieres dejarlo aquí?"

"¿Eh?"

"¿Quieres llevarte tu oso de peluche o prefieres dejarlo aquí?"

"Llevarlo".

Se relajó y ella le pudo meter el pie en la bota, vestirlo y salir pitando. Necesitaba tener algo de control en la relación y ella sabía que le podía ofrecer un remedio para esta profunda necesidad que tenía como ser humano que es. Sí, los niños son personas de verdad. Y si no honramos la verdad de que *la única persona que te puede controlar eres tú mismo* cuando interactuamos con nuestros hijos, entonces les estamos invitando a que nos lo demuestren. Si dices, "Ven aquí ahora mismo", hasta un niño conformista puede demostrarte que no lo controlas. El niño es el que dicta la velocidad a la que se conforma. Es ahí donde empezamos a buscar nuestros martillos, formas en las que intimidar a nuestros hijos para convencerlos de que los controlamos. Pero es una mentira. Siempre y cuando sea eso lo que guíe tus acciones, seguirás creando formas en las que convencer a la gente para que te entregue su autocontrol. Cuando lo haces, en realidad estás enseñando a tu hijo tanto a ser controlado por personas enfadadas y agresivas, o por personas quejicas y manipuladoras, como a controlar a los demás de igual manera.

Cuando ofrecemos opciones a nuestros hijos los validamos, reconociendo que necesitan poder en su relación con nosotros. Si, cuando son pequeños, actuamos como si nosotros tuviésemos todo el poder y ellos ninguno, cuando sean mayores y tengamos que compartir el poder, vamos a tener una transición muy dura. Durante la adolescencia de nuestros hijos, podemos decidir erróneamente que estas luchas de poder tienen que ver con el respeto y el valor que tenemos como padres hacia ellos, más que con el hecho de que necesitan autocontrol. En nuestro pánico por preservar nuestro estatus en la relación, terminamos volviéndonos locos y diciendo: "Te ofrecí un par de opciones. ¿Quieres vivir o morir? ¿Quieres que te entierre en nuestro jardín o en el del vecino?" Tenemos que empezar a compartir el poder con ellos desde el principio de nuestra relación.

Al igual que con las frases cortas, el hecho de ofrecer opciones debe convertirse en algo que te salga sin esfuerzo porque tendrás que ser capaz de hacerlo bajo presión. Normalmente esta es la presión de las *malas decisiones* de tus hijos. Frecuentemente es necesario dar una respuesta rápida ante tales situaciones. Si tu hijo ha pisado un excremento de perro y entra en la casa, ¿dirías, "Oh, mira, excremento de perro en tu pie. Oh, cariño, detente. Oh, eh, podrías, oh, eh, te importaría, oh, eh ?" Tienes que poder presentar algunas opciones. Este sería un momento fabuloso para decir, "Puedes quedarte fuera junto con tus zapatos mientras estén en ese estado o puedes pensar en una forma en la que dejar el excremento fuera de nuestra casa. Tómate tu tiempo". Así, te beneficias de la práctica de ofrecer opciones cada vez que se te presente la ocasión aunque no sea totalmente necesario, convirtiéndose así en una cosa normal. Puede ser algo así:

"Oye, ¿quieres a venir a comprar conmigo o te quieres quedar?"

"Sí, me voy".

"¿Quieres ir en el asiento de delante o en el de atrás?"

"Papá, ¡si soy el único que va contigo!"

"Lo sé. ¿Quieres entrar conmigo a la tienda o prefieres quedarte aquí?"

"Papá, si me vas a comprar unos zapatos. ¿Por qué estás actuando de una manera tan rara?"

"No lo sé", con una gran sonrisa en tu cara.

La práctica te ayuda a estar preparado para la "hora de la verdad". Aunque no te lo creas, es uno de los escollos para muchos padres que están intentando cambiar la manera de guiar a sus hijos. No son capaces de pensar en dos opciones cuando se enfrentan a una lucha de poder. Todo lo que se les ocurre es, "¿Quieres hacer lo que dije o... hacer lo que dije?"

Compartimos el control cuando ofrecemos opciones. Hay momentos cuando tienes que decir cosas como, "¡Quítate de la carretera!" Obviamente, en un momento como ése no deberías estar ofreciendo opciones. "¿Quieres sangre dentro o fuera de tu cuerpo?" La consecuencia es demasiado cara como para que aprendan de sus malas decisiones. Pero este último tipo de orden no puede ser el sistema operativo normal de la relación. De serlo, entonces es probable que haya un muy alto nivel de ansiedad entre ti y tú hijo y, seguramente, una conexión muy frágil. Aprender a dominar el arte de ofrecer buenas opciones va a reforzar en tu hogar una cultura en la que se da poder. Además, te posiciona para el éxito cuando es necesario que pongas límites para su comportamiento, como:

"Oye, ¿quieres hablar de forma respetuosa aunque estés tan enfadado, o prefieres que hablemos de esto dentro de una hora?"

"¿Estás cansado o necesitas hacer algo?"

"Todas las personas sentadas a la mesa son divertidas. ¿Estás preparado para ser divertido o te quieres ir a otro lugar hasta que lo seas?"

Tres Directrices Para Las Opciones

Hay básicamente tres directrices para establecer parámetros en las opciones. He sacado estas directrices del material *Convirtiéndose en un Padre de Amor y Lógica.* En primer lugar, quiero que te des cuenta de algo en lo que respecta a las opciones que acabo de ofrecer. En cada caso, cualquiera de las opciones que presenté era algo que no me importaba que mi hijo hiciese. Damos a nuestros hijos *opciones reales* cuando les mostramos dos maneras de hacer algo siendo ambas aceptables para nosotros. Si ofrecemos una decisión entre lo que queremos que hagan y lo que no, entonces los estamos poniendo en la encrucijada para que escojan mal por el mero hecho de sentirse poderosos. Podemos darles poder para que tomen buenas decisiones ofreciéndoles dos opciones poderosas. Quieres dar opciones que a ti te parezcan bien. "¿Quieres hacer lo que digo, o quieres que te dé una paliza?" no es una buena opción, porque una de ellas no te hace feliz y el niño, que está intentando ganar una lucha de poder, escogerá la segunda opción: "Pégame. Venga. Hazme feliz". "¿Quieres limpiar la habitación o quieres pagarme para que lo haga yo?" son un par de opciones que ofrecen poder y que te pueden hacer feliz sin importar cuál escoja.

La segunda directriz a la hora de ofrecer buenas opciones es que debes asegurarte de que tu hijo entienda las opciones que les estás ofreciendo. Cuando le dices que limpie su habitación, por ejemplo, tienes que asegurarte de que el cuadro mental que tenga sobre el trabajo terminado sea igual al tuyo. ¿Has dicho alguna vez a tu hija que limpie su habitación y lo único que hace es entrar y salir ocho segundos después? Y cuando sale, le dices, "¡De ninguna manera! Vi cómo estaba tu cuarto. Es imposible que lo hayas limpiado en ocho segundos".

"Claro que lo hice", responde ella. "Me abrí camino para poder llegar al cesto de la ropa sucia. Eso es lo que querías, ¿no?"

Tenemos que repasar la tarea paso a paso para mostrarles qué es para nosotros una habitación limpia. Al seguir las instrucciones, te animo a que hagas preguntas, que son como opciones, porque las preguntas hacen que los niños piensen en vez de tan solo absorber información:

"Bueno, ¿qué piensas de tu cama? ¿Está bien hecha o no?"

"¿Bien? ¿Eso quiere decir que tendría que tener la almohada encima?"

"Claro. Ahora, ¿qué piensas de tu colcha? ¿Debería estar encima o debajo de la cama?"

"¿Encima, como lo haces tú?"

"¡Sí!"

"¡Voy a necesitar una eternidad!"

"Tal vez. ¿Qué piensas del suelo? ¿Piensas que está recogido y aspirado?"

"*¡Y aspirado!* Eso no es justo".

"Lo sé".

"¿Sabes que no es justo?"

"Bueno, seguramente. Y, ¿qué pasa con la papelera, debería estar llena o vacía?"

"Vacía".

"Y el cesto de la ropa, ¿lleno de ropa sucia o lleno de ropa limpia?"

"Bueno, y ¿qué quieres que haga con la ropa limpia? ¿guardarla?"

"Seguramente. ¿Alguna pregunta?"

"¿Qué? ¿Has leído algún libro sobre la educación de los hijos o algo así?"

"Sí".

"Pues, ¡conmigo no va a funcionar!"

"Lo sé".

Bien, esta es la última directriz al ofrecer opciones. Este es el punto en el que la mayoría de los padres no saben qué hacer. Has ofrecido a tu hijo opciones cuyos resultados son maravillosos y te has asegurado de que entienden lo que tienen que hacer. Pero la cuestión es que cuando ofreces a tu hijo una opción entre A y B, cualquier niño con cerebro va a optar por C. ¿Cómo haces que se limiten a A o B? Aquí es donde necesitas un plan, un plan para reforzar tus opciones con consecuencias.

Sigamos con el cuadro de la limpieza de la habitación. Entras en la habitación de tu hijo y preguntas: "Oye, ¿te gustaría limpiar tu habitación o prefieres pagarme para que lo haga yo?" Cuando ofreces esta opción, cualquier niño con cerebro diría, "¿Cuánto?"

Puedes pensar, "¡Qué falta de respeto! No me puedo creer que me haya respondido así. Se supone que debes escoger la primera opción". Pero eso no es falta de respeto, es sabiduría. Si llevas el automóvil al mecánico y le dices, "Oye, ¿me arreglarías esto?" y te dice, "Claro", te convendría preguntar, "¿Cuánto va a costar?"

Por lo que tu hijo dice, "¿Puedo contratar a alguien para que me haga esto? Genial. ¿Cuánto va a ser?"

"Cincuenta euros". (Eso es lo que yo pediría. Tal vez tú estés dispuesto a hacerlo por cinco. Pero tú eres el que estableces la tarifa. Es tu mercado).

"¡Cincuenta euros! ¿Estás borracho?"

"Tal vez".

"No te voy a pagar cincuenta euros".

"No hay problema". Y lo dices con una sonrisa dibujada en la cara. ¿Recuerdas lo que quiere decir "No hay problema"? "No hay problema para mí, pero es probable que ese problema esté yendo a por ti".

"No voy a hacerlo. No me puedes obligar".

"No hay problema. Sabré lo que has decidido en diez minutos". Y te vas. ¿Dónde te vas? Bueno, primero vas a orar. Vas a orar que tu hijo no limpie la habitación. "Oh, Santo de Israel, por favor, si me amas, retenlo. Oh, Dios Todopoderoso, que no salga de la cama ahora mismo y empiece a responsabilizarse. Cubre sus ojos, que caiga en esta trampa para que aprenda que soy una fuerza a la que hay que tener muy en cuenta y que tengo capacidad de establecer límites en mi casa. Es mi deseo ardiente presentarle esta impresionante consecuencia. Oh, por favor, vuelve mis palabras inconsecuentes en palabras de verdad, Dios Poderoso". Oras para que tu hijo tome una decisión peor porque es entonces cuando puedes hacer cosas. Si puedes hacer eso, entonces sabes que estás preparado. Necesitas ese tipo de fe.

Después de orar, coges la pala, el lanzallamas, la vacuna del tétanos y lo que sea necesario para ir y hacer un trabajo excelente. Cuando hayan pasado los diez minutos, ahí estás en el dintel de la puerta y ahí está tu hijo sentado en la cama con su iPod, ignorándote por completo tal como tú has orado. Traes las cosas de limpiar y empiezas a ponerte a ello. Cuando terminas, la habitación está como a ti te gusta, ¡mejor para ti!

Al salir, escuchas, "No te voy a pagar". Tú sonríes y sales de la habitación. El niño piensa, "Qué raro. Me da igual".

Tú piensas, "Oh, Jesús, eres tan bueno conmigo".

Al poco tiempo, después de que ya se ha olvidado de que fuiste tú quien limpió la habitación en vez de él, te encuentras con tu hijo por el pasillo y dices, "Oye, estaba pensando, ¿cómo quieres zanjar todo este asunto de la habitación? Me puedes pagar con Visa, MasterCard, American Express, en metálico y con trabajo duro". Es bastante divertido hacer esto, porque no hay enfado. No ha habido ninguna lucha de poder por lo que no tiene ni idea de que le estás dando carrete.

"Te dije que no te iba a pagar. Es injusto que entrases en mi habitación. No te invité. No firmé ningún contrato. Contrataré a un abogado si me obligas".

Y dices: "No hay problema. Sabré lo que has decidido mañana cuando te vayas al colegio. Estoy seguro de que me darán por lo menos cincuenta euros por tu Xbox en eBay, o, posiblemente, tu hermano me lo dé. O el vecino, en cuyo caso podrás ir a su casa para jugar con el cacharro. Él se pasa aquí mucho tiempo. Creo que le gusta. O, estoy convencido de que puedo sacar cincuenta euros de tu colección de CDs o de tus videojuegos. Estoy seguro de que puedo sacar cincuenta euros de algo. Pero, tú no te preocupes, de verdad".

Cuando le dices a alguien que está oponiéndose a ti que no se preocupe, ¿qué hace? Preocuparse. Y debería preocuparse, porque tú eres Hacienda. Eres una fuerza que hay que tener en cuenta. Eres el que gobierna tu hogar, y eres amable al hacerlo y eres simpático. Pero tu hijo está a punto de aprender la verdad sobre ti.

"Me preocuparé si quiero. Nunca harías eso".

"Es posible".

Ahora bien, que ni se te ocurra ofrecer esta opción –ni siquiera empezar con ella– si no estás dispuesto a vender esa Xbox y con eso no estoy diciendo que pongas el anuncio durante dos meses para que el niño se arrepienta. *No actúes con tanto poder si no estás dispuesto a llegar hasta el final, porque haciendo eso, enseñarás a tu hijo a que no se crea una palabra que digas*. Y no hagas esto si estás enfadado. Solo lo puedes hacer si estás feliz, si puedes decir, "Oh, por favor, hazlo. Toma cuatro decisiones peores una detrás de otra. Estas van a ser de las mejores experiencias que jamás hayas tenido".

Puede que estés pensando, "Vaya, ¿no es esto un poquito exagerado? No sé. No podría hacer eso a no ser que estuviese enfadado. ¿Cómo puedes hacerlo si tienes una sonrisa en la cara? ¿Es esto como un espíritu maligno?" No, esto es divertido, porque tu hijo está aprendiendo una lección poderosa sobre la responsabilidad personal y las consecuencias de sus decisiones. La próxima vez que digas, "Oye, ¿quieres limpiar esa habitación o prefieres pagarme para que lo haga yo?", dirá, "¡Sal de mi habitación!" (Es posible que también se ponga a esconder sus cosas).

Y en cuanto a que eso sea algo exagerado, permíteme que

te recuerde que así es como funciona el mundo. ¿Estás cansado de pagar impuestos? ¿Por qué no dices, "Ya no voy a pagar más impuestos"? No lo haces porque en caso contrario Hacienda diría, "No hay problema. ¿Quieres cambiar de opinión o prefieres venir a la subasta?" Hacienda tiene el poder de gobernar, de establecer límites. Tiene el poder de imponer consecuencias porque es la verdadera fuerza. Nadie de Hacienda va a venir a decirte, "¡Oh, no! no pagas. Sí que pagarás. Te conviene cambiar de actitud". Hacienda no teme que tú vayas a tomar decisiones malas. *Sabe lo que ella va a hacer*. Hacienda va a vender tu Xbox.

Este es el mundo real, y es así como funciona realmente. Todos estamos tomando decisiones en cada situación y esas decisiones están trayendo ciertas consecuencias a nuestras vidas. Cuando mostramos a nuestros hijos cómo es el mundo real, les equipamos para que estén al corriente del hecho de que están tomando decisiones constantemente y que les estamos capacitando para que se responsabilicen. Su capacidad de pensar y de solucionar problemas se activa cuando aprenden a preguntar, "¿Qué tal me fue con esa decisión?" Y pueden aprenderlo antes de que las consecuencias sean verdaderamente caras. Cincuenta euros no son nada cuando te paras a pensar en el pozo de deudas que la mayoría de los chicos se está cavando cuando se van de casa y descubren el mundo de las tarjetas de crédito.

El Despertador Y Los Árbitros

Uno de los límites que tuvimos que establecer con Levi era el asunto de levantarse a tiempo. Desde pequeños, Taylor no necesitaba dormir mucho, pero Levi era todo lo contrario. Cuando compartían habitación de pequeños, podíamos oír a Levi, "Taylor, deja de hablarme". El muchacho necesitaba dormir. Y cuando lo levantábamos por la mañana, era un perezoso. Así que le dije: "Oye, amiguito, la primera llamada es gratuita, porque te amo.

Te concedo una llamada para despertarte libre de cargo". ¿Qué implica eso? Que podría haber una segunda llamada dirigida a ti. Pero no te preocupes, porque a diez euros la llamada, me aseguraré de hacer un trabajo excelente despertándote. Le quito todas las mantas y digo: "Oye, ¿cómo estás esta mañana, amiguito?" Doy palmas, enciendo la luz y le doy besos. "Te quiero, te quiero, te quiero, te quiero. Oye, esto son diez euros". En el transcurso de la vida de Levi, y a causa del gran desafío que le presentaba la hora de despertarse, me he ganado treinta euros.

Cuando empieza la rivalidad entre hermanos, muchos padres intervienen con, "¡Déjalo ya! ¡Se acabó! Debes ser amable con tu hermano". Pero no puedes evitarlo. Te lanzo una idea. Di, "Oye, es obvio que es necesario un árbitro para asegurarnos de que nadie mancha de sangre los muebles de mamá. Cobro diez euros a cada uno. ¡Primer asalto!" Es posible que la primera vez no paren y tus oraciones sean así contestadas. Pero la segunda vez es posible que digan, "No", y cada uno se vaya por su camino. A no ser que el otro niño empiece a morderse, a pegarse tortas a sí mismo y a tirarse por el suelo, se acabó el asunto.

Sheri y yo ofrecíamos muchos servicios en nuestro hogar, al igual que ocurre en los Estados Unidos. En Estados Unidos, ya no tienes que hacerte la comida. Otro te la hace. Chan-ching. Ya no tienes que plancharte las camisas, lavarte la ropa ni hacer nada de eso. Otro te lo hace. Chan-ching. Es la forma de vida americana. Nos conviene preparar a nuestros hijos para que vivan en este mundo. Les dijimos, "Si lo quieres, házmelo saber. Es tu problema y tu vida a lo que te estás enfrentando. Es mi trabajo ofrecerte el servicio. Yo decido si es gratuito o no. Pero ofrecemos muchos servicios. Tenemos un servicio de 24 horas a tu disposición. Tenemos un servicio de intercambio de tareas". Repito, es tu mercado. Tú puedes pensar en maneras creativas para enseñar a tus hijos responsabilidad, poder y libertad en el mundo real. Recuerda, nuestros hijos deben experimentar el peso de su libertad. Dios quiere que Sus hijos sepan cómo gestionar grandes niveles de libertad.

¿Gallinero O Cuarto De Basuras?

Hablando del "servicio de intercambio de tareas", quiero contarte una de mis historias favoritas. Es la historia de mi hija de 14 años cuando vivíamos en Weaverville. Por la razón que fuese, Brittney no compartía la convicción de Sheri de que los cacharros se tenían que fregar todas las noches. Brittney pensaba que se podían fregar de vez en cuando, en ocasiones especiales, como en Acción de Gracias. Por lo que, de manera periódica, escuchaba a Sheri, "¡Brittney! ¿Has fregado los cacharros?"

Y Brittney decía: "Sí. ¡Ahora voy!"

Un poco después, "Brittney, ¿has terminado con los platos?"

"¿Qué? Estoy en el baño".

Más tarde: "Brittney, no te vayas a la cama sin haber fregado".

"No, claro que no. ¡Estoy haciendo los deberes!"

A la mañana siguiente: "Brittney, no has fregado los cacharros".

"Ah, no me dio tiempo".

Y día tras día tenían esta historia con los cacharros. Un sábado por la mañana, Brittney no fregó los cacharros y su amiga Rebeca venía a casa. Estuvieron en casa un rato y después, ¡puf!, desaparecieron. Se fueron a casa de Rebeca. Sheri me miró y literalmente le salían llamas de la parte posterior de su cabeza.

Dije: "Cariño, pareces enfadada".

"¡No me respeta! ¡Esto ocurre una y otra vez! ¡*Tú*! Haz algo tú".

Por lo que fui y fregué los cacharros. Tardé unos cuatro minutos. Un poco después, Brittney y Rebeca llegaron hechas unos pinceles. Brittney dijo: "¡Mamá, papá! La madre de Rebeca nos va a llevar a la ciudad. ¿Puedo ir?"

Dije: "Brittney, te fregué los cacharros".

Dijo: "¡Eh! ¡Papá, si los iba a hacer yo!"

"Ya lo sé".

"Papá, eso no es justo".

"Es probable. ¿Cuál de mis tareas prefieres hacer, el cuarto de la basura o el gallinero?"

Preguntó: "¿Puedo ir a ver?"

"Por supuesto que sí, cariñín".

En Weavervile no hay servicio de recogida de basuras. Tenemos que llevar nosotros mismos la basura al vertedero. Así que tenía un cobertizo para la basura bastante grande y sabía que era el momento de ir al vertedero cuando asomaba la basura por la ventana. Llegado ese punto, no se podía encontrar ni el cubo de la basura ahí dentro. Brittney salió y abrió la puerta del cobertizo. Las moscas salieron en avalancha y empezaron a darla en la cara.

"¡Qué asco! ¡Qué asco!"

Rebeca preguntó: "¿Qué estás haciendo? ¿Te has metido en problemas? ¿Y cómo sabes si estás metida en problemas? Nadie te está gritando".

Brittney se dirigió al gallinero, abrió la puerta y empezó a dar patadas a las gallinas. "¡Gallinas estúpidas! Fuera de aquí". Volvió a casa y dijo: "Gallinero".

Dije: "Gracias. ¿Prefieres hacerlo hoy o mañana después de ir a la iglesia?"

"¿Puedo hacerlo mañana?"

"Si quieres".

"¿Puedo ir a la ciudad hoy?"

"Si quieres".

"*¡Papá!*" Me dio un abrazo enorme porque iba a limpiar el gallinero por mí al día siguiente. Era algo hermoso. Y se fueron.

Ahora, esta es la parte en la que la mayoría de los padres se indignan. "¡Qué! ¿Estás de broma? ¿Has permitido ir a un pecador? ¿No sabes que debe haber un sacrificio con sangre como propiciación por el pecado?" Espera un poco y verás la genialidad de todo esto. Oh, y por cierto, lo de requerir un sacrificio con sangre es del Antiguo Pacto.

Al día siguiente volvimos a casa después de haber ido a la iglesia y estaba lloviendo muchísimo. ¿Por qué? Porque Jesús me ama. Dije: "Oye, Britt, ¿recuerdas nuestro pequeño trato? Me estaba preguntando, ¿prefieres ponerte mi chubasquero o ese jersey tan bonito?"

"El chubasquero".

"¿Prefieres ponerte mis botas de agua, o esos zapatos tan brillantes?"

"Tus botas".

"¿Prefieres usar la pala o el tridente?"

Dijo: "Bueno, seguramente necesite ambos", y se fue. *Tres horas después* volvió pareciéndose a Annie. Estaba arrastrando las herramientas hacia la casa y le colgaba paja del pelo.

Dije: “Preciosa, ¡gracias!”

Se quitó el pelo mojado de la cara y dijo: “¡Da igual!” y se fue a duchar.

Unos días después oí que Sheri decía, “Brittney, ¡friega los cacharros!”

Brittney dijo: “Voy”.

Yo dije: “Voy yo”.

Al segundo siguiente, Brittney fue *volando* a la cocina y dijo: “*Aléjate de mis cacharros*”.

Las consecuencias generan apropiación y la apropiación genera responsabilidad. Esos eran sus cacharros y yo me podía quedar con mi apestoso gallinero. ¿Qué implementó esta lección en la mente de mi hija? Bueno, implementó la verdad de que en el hogar, al igual que en el mundo real, todos tenemos responsabilidades y, además, que nos interesa contribuir a la salud y felicidad de esta pequeña economía. También aprendió que estas responsabilidades, como en el mundo real, son sensibles al factor tiempo. Nos establecen límites y estamos decidiendo constantemente dentro de estos parámetros establecidos, ya sean decisiones proactivas o pasivas. Ignorar la responsabilidad es una decisión igual de grande que actuar responsablemente.

¿Quién Tiene El Problema?

Ofrecer opciones e imponer consecuencias son técnicas que guían a nuestros hijos a que se responsabilicen progresivamente de sus decisiones, obligaciones y problemas. Está claro que se requiere sabiduría y ánimo para poder discernir las áreas de responsabilidad para las que están listos tus hijos para después confiarles esas responsabilidades. También se necesita sabiduría y ánimo para guiar a tus hijos a que experimenten las consecuencias de sus decisiones. Hay dos tipos de intervención parental que hay que evitar para poder hacer esto con éxito. El primer tipo de intervención es ir en picado para solucionar el problema; y el segundo es presentar una consecuencia aderezada con enfado y castigo.

Ir corriendo a arreglar el problema de tu hijo de manera efectiva evita que se responsabilice de dicho problema. Recuerdo a una pareja que vino a mí después de unos talleres de *Amor y Lógica.* La madre dijo: "Tenemos un problema enorme en casa. Nuestros hijos están intentando matarse. Se hacen daño constantemente y yo los tengo que separar vez tras vez".

Dije: "Oh, no".

Ella dijo: "Sí, he dejado mi trabajo para poder estar en casa cuando llegan del colegio".

El padre dijo: "Y yo no voy a dejar el mío".

Dije: "Permíteme que te pregunte algo. ¿Están los niños persiguiendo a otros niños e intentando matarles?"

"No".

"Bueno, pues entonces seguramente lo que tenemos son unos niños que luchan en la seguridad de la presencia de sus padres. Hay que presentarles el concepto de que éste es su problema".

Para esta madre el problema era suyo y de nadie más. Se sentía como que ella era la única portadora de problemas. El padre preguntó: "¿Me estás diciendo que deberían dejar de hacerlo y ya está?"

Dije: "No sé".

Se fueron a casa, entraron por la puerta y se sentaron en el sillón con algo de aprensión. Pero pensaban que estaban preparados. El hijo de ocho años salió de su habitación y se dirigió directamente a la habitación del de 11 años. Empezó a haber discusión, forcejeo y tortazos. Fue por el pasillo para ver a sus padres mientras lloraba. Dijo: "Mamá, no lo he tocado. Estaba ahí de pie y me ha dado sin razón alguna".

Ella dijo: "Oh, no".

Él dijo: "¿Oh, no?" Su diálogo interno estaba diciendo, "Entenderás que este es el momento en el que pegas un salto, vas corriendo y le das la paliza de su vida. Aquí tenemos esa pequeña estructura de poder". Preguntó: "¿No vas a hacer nada? ¿Te vas a quedar ahí sentada?"

Ella dijo: "No lo sé".

Preguntó: "¿No sabes? ¿Qué? ¿Acaso eres tonta? ¿Estás loca?" Cualquier hijo que merezca la pena puede hacer que sus padres tengan que pasar por eso. Estaba buscando botones que pulsar.

Ella dijo: "Probablemente".

"Pues qué asco. Eres un asco".

"Lo sé".

"¿Lo sabes? Bien. Lo quieres a él más de lo que me quieres a mí. Sé que es cierto. Siempre ha sido así".

"Buen intento".

"Mamá, ¿buen intento? Pero, ¿qué te pasa? Te odio. Y a ti también papá".

Se dio la media vuelta y se fue corriendo a la habitación del niño de 11 años que inmediatamente dijo: "¡Sal de mi habitación!" Volvió a salir, miró a sus padres, se fue a su cuarto y empezó a desmontarlo, rompiendo sus juguetes. Mamá y papá seguían sentados en el sillón, preguntándose si el niño iba a necesitar ir a un consejero. Con el tiempo, las cosas se calmaron y los padres fueron y abrieron la puerta de su cuarto. Estaba acostado de lado en su cama, completamente vestido y dormido. Papá hizo un gesto con la cabeza y se dirigió a su habitación. Mamá lo tapó con la manta y se fue a la cama. A las dos de la mañana se despertó y oyó cómo se quejaba su hijo. Entró en la habitación y preguntó: "Cariño, ¿qué te pasa?"

Dijo: "Me duele la garganta". Se fue a por un paño frío y una pastilla. Cuando volvió él dijo: "Mamá, lo cierto es que no te odio".

Ella dijo: "Lo sé, cariño. Te quiero. Buenas noches".

Lo primero que pasó por la mañana es que el niño salió al pasillo. Su madre estaba haciendo el desayuno y su padre estaba con ella. El padre y el niño se encontraron en el pasillo y cruzaron la mirada. El niño bajó la cabeza y fue hacia su padre. Se dieron un abrazo durante un rato. Después dijo el padre: "¿Hueles ese desayuno?"

El hijo dijo: "Huele bien".

Él dijo: "¿Quieres un poco?"

El hijo respondió: "Sí, tengo hambre".

"Puedes comer tanto como quieras siempre y cuando recojas esa habitación. Tómate el tiempo que necesites".

"¿Has visto mi habitación?"

"Oh, sí. Te quiero".

Y se fue para tratar con su problema.

Cualquier hijo con un cerebro no va a retomar su problema si no está preparado. Te lo va a devolver tan rápido como pueda, porque se siente totalmente incapaz de tratar con él. Es una reacción natural, por lo que no debes ponerte a establecer límites para después dar un salto y volver a agarrar ese problema quitándoselo.

Ten en cuenta que tu hijo es muy capaz de hacerte pasar por el ojo de una aguja durante el proceso de la transferencia del problema, especialmente si en el pasado estabas de acuerdo con él en que su problema era realmente tuyo. Saca todas tus frases de *Amor y Lógica* y defiende tu territorio. El próximo paso será hacerse la víctima. "No me quieres", o "Él siempre consigue lo que quiere", son algunas de las formas en las que intentan hacer que sus padres se defiendan de la acusación de ser una persona injusta. "¡Te odio!" es algo que nunca quieres oír de los labios de tu hijo, pero los hijos saben que para momentos desesperados hay que tomar medidas desesperadas.

La reacción negativa de tus hijos hacia la responsabilidad *no* suele ser una señal de que sean incapaces o de que no estén preparados para tenerla. El hecho de haber liado las cosas por haber mostrado falta de respeto cuando han sido confrontados con la responsabilidad, es otra cuestión de la que hablaremos en el próximo capítulo. La cuestión aquí, es que no te puedes permitir el preocuparte tanto por el hecho de que tus hijos arreglen sus asuntos problemáticos que no les permitas crearlos en un principio.

Cuando los crean, la primera prioridad no es limpiarlo, sino asegurarse de que el asunto en cuestión tiene dueño. *Cada problema debe encontrar su dueño antes de poder ofrecer una solución*. Si intentas solucionar el problema de otro ser humano cuando la persona no tiene un problema, no estás ayudando. Estás siendo un incordio. Te estás entrometiendo. Eres un manipulador. Esa es la verdad. Puedes decir, "No, no lo soy. Solo estoy intentando ser una buena madre. Estoy intentando ser un buen padre. Solo te estoy queriendo". Pero eso es porque todavía estás operando bajo el paradigma en el que el amor se parece mucho al control.

Imagínate que hay un automóvil en un aparcamiento y alguien hace que salte la alarma. La alarma no se calla y todos los que te rodean empiezan a decir, "¿Qué podemos hacer?" Tienes que encontrar al propietario del automóvil, la persona que tiene un aparatito en su llavero. Si rompes una ventana del automóvil y le arrancas los cables, te metes en un gran lio. "Solo estaba solucionando el problema". No era tu problema, en primer lugar. La única manera en la que puedes solucionar un problema ajeno es mediante la violación de la propiedad privada. Eso es lo que ocurre en nuestras relaciones cuando no hemos encontrado de antemano al propietario del problema pero estamos dispuestos a solucionarlo de todas maneras.

¿Cómo sabes que algo es el problema de tu hijo? Bueno, una forma de saberlo es preguntándote, "Si no hago nada, ¿qué me pasará?" Si la respuesta es, "Nada", entonces has descubierto que no es tuyo. Si no haces nada con el cuarto desordenado de tu hijo, ¿qué te pasará? Si no haces nada con sus notas, ¿qué te pasará? ¿A quién le pertenece el problema de los deberes de tu hijo de 10 años? Todos sabemos la respuesta correcta, pero a algunos se nos sube la tensión cuando nuestros hijos no terminan sus deberes, porque se nos ha enseñado que los problemas de nuestros hijos son nuestros problemas.

Claro está, como padre también tienes que hacerte la siguiente pregunta, ¿qué le pasará a mi hijo si no gestiona bien su problema? Ahí es donde debes juzgar lo cara que será la consecuencia y dar lugar a que tu hijo tome una decisión peor, al igual que hizo Dios en el Huerto. Aquí es donde debemos asegurarnos de que el amor echa fuera el temor, porque claramente podemos reconocer que estamos arriesgándonos al permitir que nuestros hijos experimenten algunas consecuencias potencialmente dolorosas. Pero no podemos proteger de forma falsa a nuestros hijos en nombre del amor. De ser así, nuestros hijos aprenden que sus problemas no son suyos sino que, en realidad, pertenecen a otra persona.

Algunas consecuencias son inadmisibles. Cuando la vida y la muerte o alguna consecuencia física peligrosa es lo que está en juego, renunciamos a la opción y nos metemos de lleno. Pero, el resto de las veces, aunque sea difícil hacer de espectador, son poderosas oportunidades de aprendizaje.

Un día, cuando Brittney estaba en el cuarto curso, Sheri dijo: "Ya no voy a hacer comidas para los niños de cuarto curso. Te he traído cosas y ahí está la tartera, o sea que prepárate un sándwich". Brittney estaba emocionada, porque le gusta estar a cargo de las cosas. A la mañana siguiente se sacó todas sus cosas ricas, las puso en su tartera y nos fuimos al colegio. La dejé en el colegio, volví a casa y ¿qué había en la encimera de la cocina? La tartera.

Sheri dijo: "Va a llamar".

Dije: "Lo sé".

"Tú vas a coger el teléfono".

El teléfono sonó y Sheri estaba al lado. Me dijo: "¡Gallina!" y después atendió el teléfono. "Hola".

Brittney dijo: "Mamá, soy Brittney".

"Me di cuenta de quién eras en el momento en el que me llamaste "mamá". ¿Qué pasa?"

"Mamá, me olvidé de mi comida".

Sheri dijo: "Oh, no. Te olvidaste tu comida".

"Mamá, está ahí en la encimera, justo al lado de la panera".

"Lo sé. La puedo ver. Es morada, ¿verdad?"

"Sí, es esa. Mamá, ¿me puedes traer la comida?"

"Lo siento, Britt, pero no voy al colegio hoy".

"Mamá, oh, no. Venga, ¿por favor?"

Sheri preguntó, "¿Qué vas a hacer, Britt?" Si preguntas a otro ser humano "¿Qué vas a hacer?" se infiere que el problema es algo con el que no puedes hacer nada.

"¿Qué voy a hacer? Bueno, iba a llamarte para pedirte que me trajeses la comida".

"Tal vez. Así que, ¿qué vas a hacer hoy? ¿Qué otra cosa puedes intentar?"

"Eh…"

Sheri dijo: "Tengo un par de ideas si las quieres escuchar".

Brittney preguntó: "¿No me vas a traer la comida?"

"Los siento, Britt, no voy a la escuela hoy. Tengo un par de ideas si quieres escucharlas".

"¿Qué?"

Sheri dijo: "Algunos niños escarban en la basura una vez que se han ido todos y ven lo que se han dejado ahí los demás. ¿Te gusta esa idea?"

Brittney dijo: "Esa idea es una estupidez".

Sheri dijo: "Sí. Tengo otra idea".

"¿Es mejor que la anterior?"

"Seguramente".

"¿Qué?"

"Bueno, algunos niños piden a sus amigos que compartan la comida con ellos. ¿Qué te parece esa idea?"

"No quiero pedir comida a nadie. Quiero la comida que me hice. Tiene chocolatinas y todo".

"Lo sé. Tengo una idea más, pero es la última". Ves, uno de los beneficios de no tener un problema que solucionar es que no tienes que pensar en todas las opciones. No estás solucionando el problema; solo estás ayudando.

"¿Qué?"

"Algunas personas van a la señora que está sentada en el escritorio en recepción y preguntan, '¿Qué hacemos en la escuela si se nos olvida la comida?'"

Brittney dijo: "No quiero hablar con esa señora. No la conozco".

"De acuerdo. Bueno, Britt, sé que solucionarás esto. Eres una chica muy lista. Te quiero mucho. Adiós".

Vaya, eso fue difícil. Solo vivíamos a unas cuantas manzanas de la escuela. Mi esposa podría haber solucionado todo haciendo un viaje rápido a la oficina de la escuela. En vez de eso, permitió que Britt se apropiase de su problema y creó una oportunidad para que lo solucionase. Sheri estaba algo nerviosa con la reacción de Britt cuando volviese a casa ese día. Esperó unos momentos intentando averiguar cuál era su estado de ánimo, y después preguntó: "¿Qué tal la comida hoy, pequeña?"

"¿La comida?" musitó Britt, pareciendo que se le había olvidado, "Oh, compartí la comida de Olivia hoy".

¡Vaya! Esta niña es un genio. Encontró la manera de echar comida al estómago cuando tuvo hambre.

La mayoría de nosotros no vamos a soportar este tipo de tortura cuando tenemos un niño al otro extremo del aparato diciendo, "¡Ayuda, ayuda!" Tenemos la capacidad de ir a la escuela y decir, "Aquí está tu comida. Aquí está tu justificante. Aquí está tu chaqueta. Aquí está tu mochila. Aquí está tu cabeza". Parece que será más fácil y más amoroso arreglarlo por ellos. Pero, al final, es en beneficio mutuo el hecho de comunicar un mensaje parecido a éste: "Cariño, te quiero y creo en ti y, por lo tanto, quiero que te des cuenta de que eres capaz de solucionar este problema".

El mensaje está claro: "No te puedo controlar. No puedo controlar tu apetito. No puedo controlar tus hábitos de estudio. No puedo controlar tu respeto. No puedo controlar la lengua que tienes en la boca. No puedo controlar tu actitud. No puedo controlar nada que te pertenezca. Puedo establecer algunos límites. Tengo algunas herramientas muy chulas que puedo utilizar cuando creas algún desastre, pero necesito que aprendas rápidamente que tu parte en nuestra relación te pertenece. Tu vida es tuya y tienes que aprender a usarla, porque va a llegar un día en el que no estaré ahí para solucionártela".

Los adultos tienen muchas opciones para solucionar los problemas de la vida. Queremos ofrecer a nuestros hijos una experiencia del mundo real en el que viven los adultos mientras permanecen en nuestros hogares. Enseñarlos a pensar y a solucionar problemas se lleva a cabo permitiéndoles crear soluciones que se salen de lo que tú decidirías en su lugar. Puede ser difícil confiar en ellos con esta cantidad de libertad, pero los prepara para el mundo al que entrarán un día cuando sean adultos.

¿Triste O Enfado?

Otra cosa que enseña *Amor y Lógica* al presentar las consecuencias es que, además de estar evitando que los hijos experimenten sus beneficios si nosotros arreglamos sus problemas, debemos impedir que el enfado y el castigo formen parte de la ecuación. El enfado y el castigo son destructivos por dos razones:

distraen a tus hijos del aprendizaje y daña tu conexión con ellos.

Imagínate que vas conduciendo por la carretera. Miras por el espejo retrovisor y ves que se aproximan parpadeantes luces rojas. Confías que estén persiguiendo a alguna otra persona, pero te echas a un lado y el policía te sigue. Se te cae el alma a los pies. El policía se acerca al automóvil, golpea tu ventanilla y dice, "Salga del vehículo". Tardas un momento en reaccionar, por lo que sujeta la manija de la puerta, mete la mano y te agarra de la camisa. Empieza a quitarte el cinturón de seguridad a tirones. Dice, "Salga del vehículo. No puedo creerme que personas como usted estén conduciendo por mi carretera. Venga aquí". Vuelve a meter la mano, te quita el cinturón de seguridad, te agarra, te saca y te golpea contra el automóvil. Ahora bien, ¿qué estás pensando? ¿Estás pensando en la mala decisión que tomaste al conducir por encima del límite de velocidad? No. Estás pensando, "Me pregunto si le puedo quitar la pistola. ¿Quién es este perdedor? Idiota. ¿Cuál es tu problema? Ni siquiera me había saltado el límite de velocidad. Tonto. Te voy a denunciar ante los tribunales".

Cuando alguien se enfada por tu error, su enfado aparta tu atención de la mala decisión que tomaste y pasa a centrarla en el problema que estás teniendo con esa persona, en tu necesidad de defenderte. Ataca, debilita y destruye la conexión entre dos personas. El enfado es tu enemigo, aun el enfado pasivo-agresivo, el tipo de enfado cristiano. El enfado pasivo-agresivo se expresa mediante el sarcasmo cortante o la crítica, el rechazo o reteniendo el amor. Cuando decides dar una respuesta pasivo-agresiva ante la conducta de tu hijo, cuando decides retener el amor a causa de que sus acciones han sido un fracaso, sigue siendo enfado. Sigue siendo castigo y está atacando tu conexión. Así que, a no ser que quieras que tus hijos se desconecten de ti y se pasen el tiempo intentando dilucidar la manera en la que protegerse de ti, querrás proponerte eliminar el enfado cuando interactúas con ellos.

Cuando tu hijo se equivoca, lo que quieres ofrecerle es tristeza en lugar de enfado. ¿Qué pasaría, por ejemplo, si el policía manejase la misma situación de diferente forma y sin utilizar el enojo? Por ejemplo, se dirige a ti y espera a que bajes la ventanilla. Te pregunta, "¿Puedo ver su permiso de conducir, los papeles del automóvil y del seguro, por favor?"

Dices, "Tome, este es mi carnet y el permiso de circulación. ¿Dónde he metido los papeles del seguro? Oh, aquí están".

"¿Sabe cuál es el límite de velocidad en esta zona? Es de 100 km/h. Lo he pillado conduciendo a 125. Si no le importa venir y ver, lo tengo todavía en el radar".

"No, no pasa nada. No estaba prestando atención. Estaba hablando por el móvil. Lo siento".

"Vuelvo enseguida". Va a su automóvil para ver si te has escapado de alguna cárcel de Tejas o algo así y después vuelve con su pequeña libreta. En la mejor letra posible, te dice que esto no es una confesión ni has admitido tu culpa. Es solo la promesa de que vas a comparecer y que te ha citado por ir a 120 en vez de a 100, porque es un tipo generoso. Lo firmas. Arranca la hoja de papel y te la da. Dices, "Gracias". Te sugiere un par de opciones más. Puedes pagar la multa en el momento en el que la recibas o puedes comparecer y pedir que te retiren esta multa en tal día, o puedes apuntarte a algunas clases para reducir la repercusión económica que tendrá en tu seguro. Te pregunta si entiendes y dices que sí. Entonces dice, "Vaya más despacio. Conduzca con seguridad". Y tú respondes, "Gracias", una vez más. Se aleja de tu automóvil. Tú pones el intermitente, vuelves a la carretera y te vas.

Y, al conducir por la carretera, desde la cabeza empieza a caerte esta sustancia con la textura de la melaza llamada "consecuencias". Estás pensando, "Madre mía. Me han puesto una multa. No me puedo creer que me hayan puesto una multa. Me va a costar un millón de euros. ¿Cuándo es la última vez que me pusieron una? No me acuerdo. ¡Mi seguro! Sheri me va a matar. Ése era nuestro dinero para las vacaciones". Te está cayendo. Y estás conduciendo dentro del límite establecido.

Recuerda, las consecuencias son de los mejores maestros que hay. Y la tristeza y la empatía ayudan a mantener la atención en el verdadero problema, la mala elección, aunque también envíe el mensaje de que te importa la persona que la tomó. Pero el enfado viola y sabotea las metas mismas que más deseas para tus hijos cuando fallan, no solo que aprendan de sus errores, sino que también puedan apoyarse en su relación con sus padres como fuente de sabiduría y consuelo al pasar por este proceso de aprendizaje.

La tristeza y la empatía son lo que nos muestra el Espíritu Santo cuando fallamos. Él no nos castiga. Él nos consuela. Nos muestra que está triste por nosotros y nos invita a venir, por propia voluntad, para beneficiarnos de Su gran sabiduría y poder para arreglar los problemas. (Ver, por ejemplo, Juan 14:26, Juan 16:13, Gálatas 4:6). Su respuesta ante nuestro fracaso nos ayuda a confiar aún más en Él. Y cuando respondemos ante nuestros hijos de la misma forma en la que Él responde ante nosotros, confían más en nosotros porque aprenden que pueden fallar delante de nosotros.

Jesús nos da un gran ejemplo sobre cómo crear un lugar seguro para los que fallan (Juan 8:1-11). Cuando pillaron a una mujer en pleno acto de adulterio (siempre me pregunto qué hicieron con el hombre), los fariseos la trajeron ante Jesús. Sabían que la ley requería que fuese matada por sus pecados. Era una treta para mostrar a la gente que Jesús estaba atrapado en la misma mentalidad de "camión amarillo/camión rojo" que ellos. Los fariseos pensaron que habían pillado a Jesús en Sus propias reglas para los pecadores. Pero, de un pincelazo, Jesús desarmó su intento y manifestó un poder que era muy superior al castigo: el amor.

Tampoco el Espíritu Santo se aparta de nosotros ni nos amenaza con castigarnos cuando fallamos. Retener nuestro amor es, posiblemente, una mayor tentación para la mayoría de nosotros que explotar, y creo que lo papás tienen una lucha mayor con esto que las mamás. En cierta ocasión cuando Brittney tenía 11 años, estaba sacando malas notas. Cuando finalmente nos dieron el boletín de notas, dije: "¡Espera un momento! Oye, ¿Por qué me has estado escondiendo esto?" Dijo: "Tenía miedo de que si te enterabas ya no me querrías más, papá". Para mí eso fue una revelación. Recuerda, solía pegar a Brittney por fallar en cada ocasión que tenía hasta que cumplió los 8 años. Mi frustración y enfado ante su falta de conformismo dejaron una impresión en su mente que aún duraba, cuatro años después. Ella esperaba que yo ofreciera y retuviera mi amor en base a su comportamiento. Ahora estaba intentando hacer un buen trabajo como padre enviándole señales que comunicasen que era amada incondicionalmente, pero me daba cuenta de que seguía existiendo este cosquilleo de desilusión cuando mis hijos fallaban y no iban y solucionaban la situación. Lo que hacía era evitarles o mostrarles que estaba enfadado. Fue un pequeño, "Oh, no, y ¿te gusta lo que esto te aporta?" para mí, por lo que empecé a esforzarme un poco más.

El Salmo 46:1-2 dice, "Dios es nuestro amparo y fortaleza, nuestro pronto auxilio en las tribulaciones. Por tanto, no temeremos, aunque la tierra sea removida, y se traspasen los montes al corazón del mar". Es vital que, cuando presentamos a nuestros hijos las consecuencias por las malas decisiones que toman, les mostremos que estamos tristes por ellos y que vamos a estar ahí para ellos mientras encuentran las soluciones para sus problemas.

Es la clave para proteger el corazón del asunto en todo esto: la *conexión.* Los límites que establecemos con nuestros hijos les mostrarán cómo es el mundo real, pero es la conexión de corazón a corazón con ellos, nuestro amor, lo que los motivará a abrazar el viaje de responsabilidad y crecimiento que tienen por delante. En el próximo capítulo nos centraremos en edificar y proteger esa conexión de corazón.

Cuestiones A Considerar

1. ¿Ofreces a tu hijo opciones reales o haces que escoja entre lo que quieres que haga y el castigo?
2. ¿Luchas con permitir que tus hijos experimenten las consecuencias de sus decisiones? ¿Por qué demuestra mejor el amor consolar a tus hijos al experimentar consecuencias dolorosas que evitar que pasen por ellas?
3. ¿Qué problemas de tus hijos, si es que hay alguno, has tomado como propios?
4. ¿Por qué es una muestra de falta de respeto el solucionar los problemas de otras personas por ellos?
5. ¿Te es difícil tratar con tu propio enfado o desilusión cuando tu hijo falla? ¿Cuáles son algunas de las cosas que puedes hacer para que te ayuden a acercarte a él/ella con empatía y tristeza mientras que recompone lo que hizo mal?

CAPÍTULO CINCO

Protegiendo y Construyendo Conexiones de Corazón

"Estad, pues, firmes en la libertad con que Cristo nos hizo libres... Porque vosotros, hermanos, a libertad fuisteis llamados; solamente que no uséis la libertad como ocasión para la carne, sino servíos por amor los unos a los otros". (Gálatas 5:1, 13)

A lo largo de este libro he intentado mostrarte la naturaleza y la importancia de la libertad. Como declaré en el primer capítulo, todos hemos sido creados libres y Dios ha pagado el precio más alto que podía pagar para restaurar esa libertad después de haberla perdido. Pero, de nuevo, la libertad es solo importante porque es un requisito esencial para el propósito mayor para el que hemos sido creados: el amor. Ya que el amor es el propósito de la libertad, la libertad se destruye cuando la utilizamos con cualquier otro fin en mente. Es como enchufar un tostador en un enchufe que tiene un voltaje totalmente diferente a aquél para el que fue fabricado. A no ser que estemos utilizando nuestra libertad para amar a Dios y a los demás, no podremos caminar en libertad ni cultivar un entorno de libertad a nuestro alrededor. Y no podremos amarnos bien los unos a los otros, ni cultivar relaciones sanas, si no estamos esforzándonos por proteger y honrar la responsabilidad que cada persona tiene de controlarse, que es lo que se encuentra en el centro mismo de la libertad.

El mismo verano que Levi entró en la escuela pública, se apuntó al equipo de fútbol. Era septiembre y pudimos ir a los partidos para verle jugar. Los de primer año jugaban los jueves por la tarde y el equipo formado por los mejores jugadores de segundo y primero jugaban los viernes por la tarde. Íbamos por el tercer fin de semana de la temporada cuando vino a casa después del entrenamiento y dijo: "El entrenador quiere que todos estemos en el partido que juega el equipo de los mejores esta semana para que podamos ver cómo hacen las jugadas. ¿Puedo ir al partido el viernes por la noche?"

Miré a Sheri y podía ver en ella los mismos sentimientos que tenía yo. Ambos estábamos recordando lo que hacíamos cuando íbamos a partidos de fútbol. Y no tenía nada que ver con el partido en sí. Así que le dije: "Hijo, me asusta; pero puedes ir".

"¡Puedo ir! Maravilloso". Salió como una escopeta de la habitación.

El partido se jugaba en el campo contrario, por lo que tuve que ir al pueblo de al lado para recogerlo. Ahí estaba, en el lugar en el que dijo que iba a estar. Al meter todas sus pertenencias en el camión, yo estaba confiando en no oler nada que hiciera que esta noche se convirtiese en una noche muy larga. Estaba limpio. Llegamos a casa, entramos en nuestra propiedad y aparcamos el camión. Cuando salimos y nos dirigimos a casa, extendió su brazo y tocó el mío diciendo, "Papá, gracias por confiar en mí".

Dije: "De nada, hijo. Gracias por protegernos".

Dijo: "De nada, papá".

Este joven sabe que tiene una responsabilidad con la que responde ante la mitad de la relación. Su mitad. Él sabe que nadie dirige su mitad aparte de él mismo. Ha sido instruido para que crea eso y su vida muestra que está siendo responsable con su mitad de "nosotros".

Si vamos a instruir a nuestros hijos para que sepan manejar la libertad como una prioridad en la relación, entonces tenemos que hacer lo mejor que sabemos para ayudarlos a crear conexiones fuertes entre estos dos mensajes, "Te amo mucho", y "¿Qué vas a hacer?"Cuando atamos las opciones, las preguntas y los límites al mensaje del amor, nuestros hijos aprenden que son aspectos esenciales para aprender a gestionar su lado de la relación a la que otorgamos un gran valor. Aprenden que saber utilizar su libertad, es lo que cultiva y protege una conexión respetuosa y amorosa con nosotros. Nuestro deseo como padres debería ser que en las decisiones que tomen, su valor por esa conexión se convierta en la fuerza propulsora. Especialmente deseamos esto para ellos porque, a la postre, la forma en la que Dios quiere que sean gobernados es mediante el valor que dan a su conexión con Él.

Como he mencionado, nuestros hijos pueden aprender a relacionarse con nosotros ofreciendo opciones y tomando decisiones desde que son muy pequeños. Uno de nuestros relatos familiares es muy útil para demostrar esto. Cuando nuestros hijos eran muy pequeños, Sheri empezó la tradición de hacer un video familiar en el que los niños decían, "Hola, papá, te queremos. Feliz Navidad". Y uno de los primeros años que hizo esto, Taylor tenía 2 años y Levi 4. Sheri filmó a los niños teniendo una pequeña conversación que los llevó a un altercado físico. Taylor iba a golpear a Levi con un videojuego que tenía en las manos, por lo que Sheri preguntó: "Taylor, ¿golpeamos a la gente con los juguetes o no?"

Taylor tiene una profunda necesidad de llevar la razón. Va a ser uno de esos tipos que te corrige sobre cosas como, "En realidad,

[6] Nota de la traductora: Los Cubs (oseznos) son un equipo de fútbol profesional estadounidense.

fueron los *Cubs*[6] de 1963, no los del 64". Tiene la convicción de que si lo vamos a hacer, tenemos que hacerlo bien; y eso siempre ha estado ahí. Es algo que muchos padres interpretarían como falta de respeto, pero es, sencillamente, Taylor intentando ser él mismo. Cuando ofrecemos opciones y compartimos el control, la gente puede ser ella misma porque nuestra interacción es respetuosa. Y este video capta a Taylor ayudando a que Sheri le dé opciones. Cuando ella pregunta, "¿Golpeamos a la gente con los juguetes o no?" Taylor la corrigió. Dijo: "No, no, debes decir, 'golpeamos a la gente con *videos* o no'". Todavía nos reímos cuando lo vemos, pero es un gran recordatorio de que las personitas entienden esta cultura de opciones, libertad y poder. La entienden y empiezan a actuar en consecuencia.

Seis u ocho meses después de que este incidente fuese grabado, nuestra familia fue de compras a Mervyn's. En ese tiempo, yo era un trabajador social dedicado a las familias de acogida y cada día llevaba corbata a trabajar. Así que, en los cumpleaños u ocasiones especiales, íbamos a comprar y yo recibía una camisa y una corbata. En esta ocasión en particular, Taylor encontró un corbatero con un montón de diferentes tipos de corbatas con los Looney Tunes. Se me acercó con dos corbatas y dijo: "Papá, ¿cuál prefieres, ésta o ésa?" Dije: "Mmm". Me dijo: "O decides tú, o decido yo". Dije: "Mmmm, ésa". Devolvió la otra y me compré una corbata de los Looney Tunes esa vez, reafirmando la práctica de educar a un niño poderoso de dos años honrando su influencia en nuestra relación.

Un día llevé a Brittney a la escuela. Tenía un coche de empresa y normalmente yo era el único que lo usaba, por lo que el asiento del copiloto hacía las veces de escritorio. Tenía todas mis cosas encima del asiento. Brittney abrió la puerta, miró a todas las cosas y preguntó: "Papá, ¿quieres que me siente encima de todas tus cosas o prefieres moverlas?"

"Las moveré".

Una cultura de honor se forma creando la posibilidad de que la gente tenga una elección. Cuando te encuentras con la profunda necesidad humana que tienen tus hijos de tener algo de control, les comunicas que sus necesidades son importantes, que tienen valor. Y cuando das valor a tus hijos, ellos desarrollan un sano concepto de sí mismos. Pero cuando estableces una forma de relacionarte con tus hijos en la que no tienen elección, aprenden que las únicas necesidades que importan son las tuyas. Esto les hace desarrollar un concepto de sí mismos en el que tienen que, o bien luchar para que se suplan sus necesidades, o bien creer que sus necesidades no importan. Después tienen que abrirse camino para obtener una perspectiva saludable en la que finalmente se dan cuenta, desafiando todo lo que les has enseñado, de que sus necesidades importan tanto como las tuyas.

Hemos observado cómo, al tener un concepto saludable de sí mismos, nuestros hijos han demostrado su capacidad de hacerse valer en el mundo de manera respetuosa. También han demostrado su capacidad de establecer límites con las personas, ya sean compañeros o adultos, cuando están siendo tratados con falta de respeto. Parte de esa falta de respeto con la que han tenido que tratar, provenía de figuras autoritarias que confundían hacerse valer con ser irrespetuoso. Después de todo, la creencia generalizada de hace una o dos generaciones era que hacerse valer cuando eras niño era una falta de respeto. Si esa era la actitud en tu hogar durante tus años de crecimiento y estás intentando ofrecer opciones a tus hijos, necesitas prepararte para cuando te respondan de manera que te parezca irrespetuosa. Van a empezar a elegir corbatas de los Looney Tunes y te van a decir que quites las cosas del asiento. Van a hacer valer su voluntad, porque la tienen. Es nuestra tarea crear un espacio para esto y así puedan saber qué se siente cuando uno es respetado y que está bien que sean respetados. Obviamente, es importante que aprendan a hacer valer sus decisiones de forma respetuosa, pero hay que empezar permitiéndoles hacerse valer.

Vuelve A Pensarlo

Hay que aprender a distinguir entre hacerse valer y falta de respeto, ya que esta distinción es importante a la hora de cultivar un entorno de honor saludable. Al sembrar respeto en tus encuentros con tus hijos creando un espacio para que se hagan valer, segarás respeto. Pero, sin duda, habrá incidentes en los que tu hijo sea irrespetuoso y necesites guiarlo en el proceso de arreglar los desperfectos creados.

Hasta ahora, algunos de los problemas que hemos estudiado tenían que ver con la falta de respeto y otros no. El hecho de que Brittney se olvidase de su tartera no era una falta de respeto. El ejemplo del correo que recibí sobre la niña que tuvo una pataleta porque no quería hacer sus tareas, sí lo era. Pero en este caso, su madre se dio cuenta de que la niña estaba utilizando la falta de respeto para que se olvidase de implementar la opción que le había ofrecido. En esos casos, tal como hemos visto, tienes que poder hacer lo que dices y no hacer del problema del niño tu problema.

Como padres, tenemos diferentes responsabilidades. Cuando estás ejerciendo de recaudador de impuestos, estás mostrando e implementando las consecuencias *prácticas* de las decisiones de tu hijo y, a veces, debes detener el asunto de las consecuencias *relacionales*. Pero si tu hijo se muestra irrespetuoso contigo, es tu responsabilidad presentarle las consecuencias relacionales en la primera ocasión que te sea posible; y la primera tarea en ambos casos es la misma. Debes guiar a tu hijo hacia el hecho de que debe responsabilizarse del problema.

Una de las mejores formas de hacer esto es instituyendo algo que se llama *la silla de recapacitar*. Y recuerda, una de las mejores maneras en la que consigues que un ser humano vuelva a considerar algo es haciéndole preguntas y no terminando tus frases. Por lo que cuando tu hijo está sentado en la silla de recapacitar, tu tarea es evitar el tipo de sermón al estilo del profesor de Charlie Brown –"bla, bla, bla, bla, bla, bla"– y crear oportunidades para que tu hijo recapacite mediante preguntas de opción múltiple.

Consideremos una situación en la que tu hijo demuestra falta de respeto hacia otra persona. Digamos que Johnny es tu hijo, y que acaba de pegar al hijo del vecino. Está sentado en la silla de recapacitar que tienes delante. Empiezas diciendo, "Johnny, ¿cuál es el problema?"

"Dice, "Eh no lo sé. Me tocó. Me pegó". En otras palabras, Johnny está intentando proyectar el problema, como si estuviera ahí fuera. Es algo con lo que no puede hacer nada. Es la víctima. No tiene poder. Otras personas son las que están destrozando su vida.

"Vaya, tú. O sea que ¿le sacaste la lengua y le pegaste con un palo por lo que te dijo?"

"Sí".

"Vaya, ¡qué mal! O sea, que ¿cuál es el problema que tenemos entre manos? ¿que él dijo algo o que tú hiciste algo?"

"Ambas cosas".

"Bien, ¿qué puedes hacer con lo que él te dijo?"

"¡Lo puedo pegar!"

"Bueno. ¿Cómo te va cuando haces eso?"

"No sé".

"¿Pegar a Billy es respetuoso o irrespetuoso?"

"Irrespetuoso. ¡Pero él lo hizo primero!"

"O sea que cuando él es irrespetuoso significa que tú también lo tienes que ser. ¿Te obligó a ser irrespetuoso o lo decidiste tú mismo?"

"Supongo que... lo escogí yo".

"¿Eso está bien o es un problema?"

Recuerda, tu meta en todo esto no es averiguar cuánta culpa hay que asignar a cada una de las partes. Estás intentando ayudar a tu hijo para que aprenda que nadie lo puede controlar aparte de sí mismo. Estás intentando ayudarlo a que descubra que es una persona poderosa, pero que, inevitablemente, rendirá ese poder ante fuerzas externas a no ser que aprenda a responsabilizarse de sus propias decisiones. Tus preguntas están diseñadas para guiarlo hacia esta revelación y confrontarlo con la opción: "¿Vas a permitir que otras personas, o circunstancias, o algo fuera de tu control te controlen, o vas a controlarte a ti mismo?"

Esperamos que a medida que aprende a volver a pensarlo, a entresacar entre el motón de quién dijo e hizo qué, empezará a darse cuenta de que, "Madre mía, está ahí. Soy yo. Fue mi decisión pegar a Billy con ese palo. El problema es que he pegado a alguien y que he sido irrespetuoso". Cuando empieza a identificarse como el propietario del problema, entonces le puedes preguntar: "¿Qué vas a hacer?"

Esta es la porción de una carta que recibí de una madre que acababa de darse cuenta de que el problema en su relación con su hija no lo tenía su hija sino ella:

> (Nos mostraste en un CD) sobre el doctor que descubre que él es el problema. Bueno, tenemos una hija mayor que vive con nosotros. Durante 9 años ha tenido problemas con

las drogas. Lleva 19 meses limpia. El problema con todo esto es que vive con nosotros, junto con dos de sus hijos, y los fines de semana tenemos a sus tres hijos. Eso está bien, pero ella y yo somos todo lo opuestas que pueden ser dos personas. Por lo tanto, no siempre nos llevamos bien. A causa de los años de abuso que ella me había estado infligiendo, yo me había vuelto muy iracunda y respondía muchas veces con ira. Después de escucharte, me di cuenta de que, sin querer, había creado un círculo de muerte a nuestro alrededor. Justo lo opuesto de lo que quería hacer. Lloré cuando me di cuenta de lo que había hecho. Las siguientes semanas fueron bastante interesantes. Cuando yo empezaba a reaccionar, me decía a mí misma: "Tú eres el problema". Pensé que iba a tener que ponerme precinto en la boca para mantenerla cerrada. El Señor empezó a mostrarme cómo había empezado a responderla siempre con ira y que la ira era el problema, no los límites que yo quería establecer. Así que, poco a poco, al controlarme, podía establecer los límites sin enfadarme. Empezó a ocurrir una cosa muy curiosa; empezó a intentar agradarme. (Casi me muero cuando lo vi). La vida empezó a surgir. Mi esposo estaba fuera toda la semana y no cruzábamos ni una sola palabra grosera ni ella ni yo. Empezamos a reírnos juntas y hasta a pasárnoslo bien la una con la otra. Lo mejor vino el martes. Tenía que llevarla al trabajo y pasamos al lado del camión de un antiguo novio. Dije: "¿Te palpita el corazón?" Me dijo: "Ya no. Creo que lo he superado". Suspiró y yo dije: "Me supongo que no puedes evitar amar a quien quieres". Dijo: "Mamá, ese fue el mayor error de mi vida y fue seguido de un montón de malas decisiones". Empecé a llorar. Me cogió la mano y dijo: "¿Estás bien?" Dije: "Sí, quería mucho más para ti de lo que has conseguido". Dijo: "Lo sé, pero fueron mis malas decisiones". Llegamos a nuestro destino y dije: "De verdad que te quiero, sin importar nada más". Dijo: "Mamá, yo también te quiero". Desde que ha desaparecido el enfado, las cosas han sido diferentes entre nosotras.

En tu enseñanza hablabas sobre cómo justificamos nuestra postura. Madre mía, yo sí que lo había hecho bien. "¡Soy yo!" ha sido muy bueno para mí. Espero que esto lo aprenda pronto. He escuchado de nuevo otro CD esta mañana de camino al trabajo. Ya van 14 veces... pronto me entrará.

Gracias por poner estas herramientas a nuestra disposición. Verdaderamente ayudan a los que queremos producir algo diferente, una manera de mirar a nuestras circunstancias y poder decir, "¿Sabes? Es posible que este sea mi problema". Al Dios cambiarme, puedo ver cómo el mundo que nos rodea también cambia para convertirse en lo que inicialmente queríamos.

A lo largo de los años nos han llegado cientos de reportajes como éste.

¿Disciplina O Castigo?

Es emocionante cuando tu hijo (o tú, el padre) llega al punto en el que se da cuenta de que él es el responsable del problema, porque cuando el problema tiene dueño, se puede arreglar. Este es el punto en el que verdaderamente puede empezar la disciplina. La diferencia entre el castigo y la disciplina es un hijo poderoso. El niño se involucra en la toma de decisiones sobre lo que va a hacer con el caos creado. El castigo es cuando el adulto toma todas las decisiones necesarias para solucionar la situación. "Esto es lo que va a ocurrir, jovencito. Vas a estar castigado sin salir durante las próximas dos semanas y además vas a segar el césped cada semana y vas a pedir perdón a esas personas y vas a limpiar la pintura de la pared... ". La naturaleza del castigo es el control, y el espíritu que tiene detrás es el temor. Pero el amor perfecto echa fuera todo temor, y el temor tiene que ver con el castigo y no te ha sido dado un espíritu de temor sino de poder, de amor y de dominio propio (I Juan 4:18; II Timoteo 1:7).

Llegado este punto, me gustaría hablar sobre la práctica de pegar. Muchos padres se sienten confundidos con la separación entre el temor y pegar. Te contaré una historia sobre la ocasión en la que Levi recibió una paliza y, como meta, recibió más poder a causa del incidente.

Una noche de enero, Sheri y yo salimos con unos amigos. Brittney estaba cuidando a los dos hijos de nuestros amigos y a los nuestros. Cuando volvimos a casa, descubrimos una hermana mayor totalmente frustrada con muchas quejas sobre el comportamiento que su hermano pequeño había tenido esa noche. Al investigar lo que había ocurrido esa tarde, me enteré de que en el momento en que Brittney dijo que era la hora de irse a la cama, a eso de las 11.00 p.m., Levi, que tenía unos 8 años en ese entonces, rápidamente salió fuera a la gélida noche y se quedó fuera durante más de media hora mientras su hermana estaba intentando hacer de "camión amarillo" con él para que entrara en casa.

Cuando llegamos a casa, pedí a Levi que viniera a la sala de estar conmigo. Le mencioné que su hermana me había dicho que la noche no había sido muy fácil. Estuvo de acuerdo. Empecé a mirarle a los ojos y le guié a través de la disciplina.

"Hijo" -empecé- "hay un espíritu que te está persiguiendo, y se llama 'Rebelión'. Esto es lo que dice, "No hagas lo que la autoridad que tienes sobre tu vida te está diciendo que hagas" "¿Has oído esta voz antes?"

"Sí", dijo él.

"Ah, me lo imaginaba. Hijo, es tu tarea echar fuera esa voz. Es muy importante que no permitas que ese espíritu te dirija. Esta noche... te voy a ayudar". Me lo puse en frente y lo incliné sobre mis piernas. Tenía la mirada de asombro más increíble en su cara. *¡Zas!* Una mano firme y veloz aterrizó en el trasero.

"¡Ay!"

Pregunté en voz baja, como a unos siete centímetros de su oído izquierdo, "¿Se ha ido?"

Con los labios cerrados y dándose un masaje en el cachete izquierdo de su trasero, respondió: *"¡Sí!"*

"Muy bien, hijo. Si alguna vez vuelves a necesitar ayuda, dímelo. Te quiero".

¿Cuál es la diferencia entre esta ocasión y las demás en las que se pega a los hijos? Aquí hemos dado poder al niño. En cada paso del proceso, Levi tenía un papel poderoso. Estaba pensando, aprendiendo y decidiendo a través de cada pregunta que le hacía. Salió de esta disciplina como un joven culturizado. Demasiados incidentes de palizas terminan en castigo. Con esto quiero decir que el niño no tiene ninguna opción aparte de soportar el proceso del poder del padre. Frecuentemente, un padre ofendido está emitiendo la sentencia, "Mentiste; paliza. Hiciste lo que te dije que no hicieras; paliza. Pegaste a tu hermana; paliza", y demás.

Seguramente la diferencia clave entre disciplina y castigo es el enfado. La disciplina tiene mucho que ver con la presencia de un *discípulo*. Esto básicamente quiere decir, "aprendiz". Ahora bien, conozco a muchos de nosotros a los que se nos ha dicho, "Te voy a enseñar una lección. Bájate los pantalones. Me va a doler a mí más que a ti". Ese no es el "aprendizaje" del que estoy hablando.

Permíteme que vuelva a lo que decía sobre los aprendices. La disciplina hace que cierta virtud surja en el que está siendo enseñado. Es importante ver que la disciplina tiene resultados diferentes dependiendo del que está entrenando al "discípulo". La disciplina saca a relucir lo mejor que hay en el maestro. Por ejemplo, si el maestro tiene una gran unción en la oración e intercesión, entonces el estudiante aprenderá a clamar por avivamiento, declarar cosas ante el Cielo, ayunar durante semanas y creer en la justica global para nuestra generación. Todas estas virtudes fluyen desde el maestro al discípulo. Pero si el maestro tiene una fuerte unción de liderazgo, entonces el estudiante aprenderá a desarrollar un paradigma interno de liderazgo, a estar listo a "dejar cosas para poder promocionarse" y a cultivar un "círculo interno" fuerte de líderes influyentes en su vida. De nuevo, estas diferentes *disciplinas* salen de la vida del maestro para entrar en la del estudiante. *Por lo tanto, la disciplina tiene que ver con que toque tu vida y saque lo mejor que hay en mí para que se vea en ti.*

El castigo tiene una meta totalmente diferente. En el castigo, la meta es introducir una creencia errónea. Esta creencia es que el pecado debe ser castigado. Cuando alguien rompe las normas, se requiere la presencia del dolor y del sufrimiento. La gente tiene miedo a que otras personas quebranten las normas. Este temor se manifiesta mayormente en forma de enfado. Recuerda que el enfado es un falso sentimiento de poder; poder para controlar a los demás.

Este modelo también tiene un aprendiz, pero éste debe entender la penitencia. Debe haber una demostración de dolor por el pecado cometido. "Di que lo sientes", es una respuesta corriente ante los errores de nuestro hijo. Nosotros, como padres, frecuentemente pensamos que decir "lo siento" significa dolor. No es así, pero lo seguimos considerando como una actuación necesaria de todas formas. Esta muestra de dolor, una vez que se alcanza, abre la puerta para que el castigador entre, porque el hecho de recibir dolor y sufrimiento tiene más sentido si estoy afectado por el pecado cometido.

El castigo, obviamente, tiene un castigador. Como dije con anterioridad, esta relación presenta un modelo en el que una persona tiene todo el poder y el control, y la otra persona no tiene ninguno. El castigador puede hacer casi cualquier cosa que quiera mientras castiga a la otra persona. Las leyes deben ser creadas para que gobiernen en la libertad que tiene el castigador sobre la persona que está siendo castigada. Sé que todo esto suena a locura, pero piensa en la meta de la tortura. Es obtener una confesión. Y una confesión, a su vez, permite al castigador hacer su trabajo con cierto sentimiento de justicia. Esta aproximación externa a la corrección requiere que ambas partes crean que la gente se puede controlar entre sí.

La disciplina funciona de dentro para fuera, y el castigo intenta funcionar desde fuera hacia dentro. El padre que está de acuerdo con la disciplina, va a manifestar estas convicciones prácticas principales. El padre que ofrece aprendizaje a un estudiante no va a controlar al niño, sino que va a invitarlo con mucha destreza para que se responsabilice y solucione su propio problema.

El Poder De Las Preguntas

Hacer una buena pregunta es una herramienta mucho más poderosa para llevar a los niños a una solución que decirles lo que piensas. Es por esto por lo que haces preguntas, para involucrar su participación en la solución. Entonces, la solución va a ser sorprendente porque es algo que *el niño ha creado*: su respuesta a tu pregunta. Precisamente es esta involucración a la hora de crear soluciones la que enseña a tu hijo las importantes verdades que quieres que aprenda.

Recuerdo una vez que Levi hizo daño a su hermano, Taylor, de nuevo. Todavía eran pequeños, tenían unos 9 y 11 años respectivamente. Escuché el altercado y llamé a mi hijo que estaba jugando en el jardín. Lo confronté con una serie de preguntas con la esperanza de dirigirle hacia una solución.

"Hijo, ¿cómo estás?"

"Bien".

"Qué bien. Oye, me estaba preguntando, ¿por qué diste un puñetazo a tu hermano?"

"No lo sé".

"Está bien, ¿qué te parece si te quedas aquí sentado hasta que lo sepas? Estaré ahí si necesitas ayuda para averiguarlo. Me dices, ¿de acuerdo?"

"Siempre es cruel conmigo", dijo de repente. Ves, ya se había sentado en esa silla con anterioridad. Sabía que él era el responsable de cuánto tiempo se iba a quedar ahí. Quería terminar el proceso lo antes posible.

"Oh, no. ¿Está siendo cruel contigo? ¿Cómo está siendo cruel contigo?"

"No quiere que juegue con él y con sus amigos". Empezó a llorar.

"Oh, no. Parece que eso está haciendo daño a tu corazón".

"Lo odio y le odio"

"Ah, estás odiando a tu hermano. ¿Cómo te va con ese

sentimiento?"

"Bueno, a él no le importa. No me quiere". Estaba casi llorando en este punto.

"Amiguito, esto te ha hecho mucho daño, ¿verdad?"

"Sí".

"¿Qué vas a hacer?"

"Que, ¿qué?"

"Ah, 'que ¿qué?' Esto, ¿crees que Taylor te creerá si le dices que lo sientes?"

"Eh, creo que sí".

"Venga, vamos a intentarlo". Llamé a Taylor y lo informé de que su hermano tenía algo que le quería decir. Taylor se paró con cierta cautela, con los brazos cruzados, en frente de Levi.

Levi miró a Taylor con la cara manchada por las lágrimas y dijo: "Lo siento".

Me volví a Taylor y pregunté: "¿Lo crees cuando te dice que lo siente?"

Taylor dijo: "¡No! Creo que está intentando escabullirse".

"Ah", le dije. "Tay, gracias por haber venido. Te veo después". Se fue a jugar.

Me volví a Levi y dije: "¡Qué mal! parece que eso no funcionó. ¿Qué vas a hacer ahora?"

"No sé", dijo desolado. "¿Qué puedo hacer cuando no me cree cuando le digo que lo siento?"

"No sé. ¿Necesitas tiempo para pensártelo?"

"No, pero no sé qué hacer".

"¿Te importa si te hago algunas preguntas?"

"No".

"A ver, me has dicho que Taylor había hecho ciertas cosas que habían herido tus sentimientos. Cosas como que no te dejaba unirte a él y a sus amigos. ¿Es eso cierto?"

"Sí".

"¿Has perdonado alguna vez a tu hermano por haberte hecho daño?"

"No".

"¿Piensas que ésta puede ser la razón por la que continúas haciéndole daño, porque aunque esto pasó hace tiempo, te sigue haciendo daño"

"Sí".

"¿Qué vas a hacer, hijo?"

"Perdonar a Taylor".

"Ah, ¿cómo piensas que te irá cuando lo hagas?"

"Mejor".

"Bien. ¿Es eso algo que quieres hacer solo o quieres mi ayuda?"

"Tu ayuda".

"Bien, y ahora, ¿cómo piensas que se siente Jesús al saber que estás haciendo daño a tu hermano, triste o contento?"

"Triste".

"¿Quieres solucionar esto también con Jesús?"

"Sí".

"Perfecto, entonces, bien, repite después de mí". Y lo guié en una oración de arrepentimiento y perdón. Después le pregunté: "¿Cómo te sientes ahora?"

"Mucho mejor".

"¿Qué vas a hacer ahora?"

"Creo que quiero volver a pedir a Taylor que me perdone. Creo que me creerá esta vez porque ahora lo siento de verdad."

"¡Genial! Voy a por él".

Y, por supuesto, Levi tenía razón. Taylor le creyó esta vez porque estaba preparado para arreglar las cosas con su hermano. El poder de las buenas preguntas está en el camino que crean para que tu hijo encuentre la solución y la lleve a cabo.

Recuerda, quieres que tus hijos aprendan estas tres cosas principales. Primero, quieres que aprendan que las decisiones exteriores pueden crear dolor en el interior. El dolor puede estar conectado al hecho de que ellos te hacen daño, a algo que han perdido, o a algo que han experimentado. Pero está ocurriendo por *dentro,* y el dolor es lo que los motivará a cambiar su comportamiento en el futuro; segundo, quieres que aprendan que son capaces de crear soluciones a sus propios problemas; y tercero, quieres que aprendan que sus padres son fuentes de sabiduría y ayuda que siempre están a su disposición para crear soluciones.

Con estas metas en mente, tu tarea es enviarle tres de los importantes mensajes que hemos tratado en el libro. Primero, quieres que tu hijo sepa que estás triste por él porque tiene un problema. Recuerda, no puedes forzar a que tu hijo se sienta arrepentido cuando comete un error. Lo que sí puedes mostrarle es que *tú lo sientes*, porque le amas y sabes que las consecuencias de su mala decisión seguramente serán dolorosas. "Qué pena"; segundo, quieres que tu hijo sepa que crees en su capacidad de averiguar qué es lo que debe hacer para después hacerlo. "Amiguito, eres bastante listo y sé que quieres hacer lo correcto. Vas a salir de esta"; y tercero, quieres que tu hijo sepa que estás contento y dispuesto a ayudarlo a averiguar lo que puede hacer. "¿No sabes qué hacer? Bueno, tengo algunas sugerencias que darte si las quieres oír". Y en el momento que diga, "¿Qué?" su pequeño corazón se abre. El pequeño escudo que cubre su corazón para que la sabiduría no le afecte se cae. Entonces la sabiduría entra ahí y puedes formar parte de su decisión. Ese "¿Qué?" es música para tus oídos. En ese punto, puedes dar de comer a los hambrientos. Bienaventurados son los que tienen hambre y sed de justicia, porque serán saciados (Mateo 5:6). Y, " si alguno de vosotros tiene falta de sabiduría, *pídala* a Dios, el cual da a todos abundantemente…" (Santiago 1:5).

Arreglando Tus Desperfectos

La respuesta correcta solo puede llegar con la pregunta correcta, que es, "¿Qué vas a hacer?" Si tu hijo está verdaderamente arrepentido, arreglará su desperfecto. Pero solo puede llegar ahí si tienes un paradigma en el que esperas que pueda encontrar el problema y responsabilizarse del mismo. Hay tantas personas que no esperan eso de los demás. Es su convicción que cuando la has liado, es su responsabilidad solucionarlo y tienen que mandarte, utilizando ciertos pasos, a que arregles tu destrozo. Necesitan controlarte en medio del problema. Es un paradigma de control externo.

Hacer esto con tus hijos puede asustar, porque eres vulnerable. Estás arriesgándote al revelar tu corazón y no poder controlar lo que ellos van a hacer. Pero es vital que lo hagas porque ésta es, probablemente, la forma más profunda en la que tus hijos pueden aprender lo poderosos que son en realidad. Sus decisiones tienen el poder de hacer daño a las personas que más aman. Y si no aprenden esto cuando son pequeños, entonces no tendrán ni idea de cómo arreglar sus desperfectos cuando sean adultos. Es una lección que se vuelve más difícil cuando somos adultos, pero se puede aprender.

Trabajo con muchos adultos en relaciones y matrimonios que no saben qué hacer cuando crean un desperfecto. Cuando alguien les envía el mensaje, "Dijiste esto y me hiciste daño", no saben cómo responder. Por lo que dicen cosas como, "Bueno, pues no debería haberte hecho daño. Eres demasiado sensible". Eso siempre ayuda, ¿verdad? En realidad, no. De hecho, crea un escenario que se parece mucho al siguiente.

Imagina que tienes un cachorro que está corriendo por la casa y tiene un accidente en el suelo del salón. Agarras al cachorro, le das un azote con un periódico enrollado y lo tiras fuera de la casa. Bien, problema solucionado, ¿verdad? Si la meta era castigar por un error, entonces está solucionado. Pero, ¿cuál era el verdadero problema aquí? ¡El desperfecto del suelo es el mayor problema! ¿Puedes imaginar estar satisfecho con castigar al cachorro y dejar el asunto ahí? "Vamos a esperar a que se seque y así no deja marca. Es peor cuando está reciente. Ya se pasará. Podemos poner una silla encima para que nadie lo pise". ¿Cuánto tiempo vivirías así? ¿Cuántas de estas situaciones creará un perro durante toda su vida?

Por supuesto que eso no es lo que haces, ¿verdad que no? Irías corriendo a limpiarlo. Sin embargo, demasiados hogares funcionan así. Cuando la gente crea destrozos irrespetuosos en sus relaciones, frecuentemente dejan que esos desperfectos apesten y llenen la atmósfera de su hogar. No pasará mucho tiempo sin que no puedan dar un paso sin pisar algo. Los años lo llenan todo. Los esposos y las esposas se van a la cama y está por toda la cama.

Está por todas partes; hay destrozos por todas partes. Y parece que todo lo que hace la gente es seguir pensando en maneras creativas de negar sus desperfectos. "¿Qué? ¿Sigues sacando eso a relucir?" Se convierte en algo normal esto de vivir en un entorno que está lleno de desperfectos irrespetuosos donde nadie se responsabiliza de hablar de ellos. La cuestión de romper las reglas se afronta con el castigo, pero la condición de los corazones y las conexiones rotas se dejan en paz.

La cuestión es que evitar los destrozos es algo que aprendemos en la niñez. Esta lección nos enseña a dar más valor a evitar el castigo que a mantener una relación conectada. Así que, la interacción en la silla para recapacitar es bastante importante. Es aquí donde descubren cuál es el problema, cómo ha afectado o va a afectar a la calidad de vida y a las relaciones, y obtienen las herramientas que necesitan para arreglar las cosas y restaurar su conexión con aquellos a quienes más aman. Esta sana confrontación, al igual que todas las demás formas en las que demuestras tu amor a tus hijos, tiene el poder de construir tu conexión con ellos y establecer en sus corazones la prioridad de la relación.

Houston, Tenemos Un Problema

¿Te acuerdas de la película *Apolo XIII*? Es la historia de un programa de la NASA en la que un montón de cosas salen mal con la nave espacial mientras los astronautas se dirigen a la Luna. Hay una escena hacia el final de la película en la que Houston tenía que ayudarlos a dilucidar cuál era el problema que tenían con una depuradora que no estaba filtrando el dióxido de carbono del aire que respiraban. Tuvieron que dar instrucciones a los astronautas, que a su vez, las tenían que descifrar para intentar reparar el vehículo con las piezas que tenían a bordo. Su siguiente gran preocupación era si el módulo de mando, *Odyssey*, soportaría la reentrada a la atmósfera de la Tierra porque había habido una gran explosión mientras mezclaban los tanques de oxígeno. Esa explosión dañó el escudo contra el calor. El éxito de esta acción dependería de varias cosas: la resistencia del escudo de calor y de *Odyssey*. Se estaba formando un tifón en el lugar de aterrizaje que dificultaba la apertura de los paracaídas en el momento apropiado. También, al volver el vehículo a entrar en la atmósfera, habría tres minutos en los que perderían el contacto con el exterior por completo. Después de ese tiempo, Houston sabría si seguían vivos o no.

Creo que es una analogía muy convincente sobre la aventura de ser padres. Verás, estas personas maravillosas que están creciendo en tu hogar, están atravesando un período llamado adolescencia. Y, durante ese período, ocurren cosas en su interior que no entienden. Van a cambiar delante de tus ojos al intentar encontrar un asidero en esto que llamamos vida. Estos cambios pueden crear ciertos momentos aterradores para ti como padre de un adolescente. Estos son los momentos en los que parece que, "No puedo comunicarme contigo. No puedo llegar a ti. No sé dónde te fuiste. Tengo miedo de lo que te está pasando durante este lapso de tiempo". Tú, el padre, eres Houston intentando enviar mensajes a tu adolescente, *Apolo XIII*, para que puedan averiguar la manera de arreglar las cosas y poder seguir con el viaje de descubrimiento sin sufrir pérdida.

Es la relación que tenemos con nuestros hijos, en esencia, la que los ayuda a mantener su coraza contra el calor y el módulo de control en buen estado. Cuando las hormonas y la presión ejercida por sus compañeros y por la cultura están gritando a tus adolescentes, necesitan la protección de estar conectados a tu corazón. Si tu relación con ellos se ha visto dañada, les va a ser difícil soportar las presiones externas a las que se están enfrentando. Esta es la razón por la que es tan importante que cuando les ocurren cosas que nos asustan, sepas tener la certeza de que el amor echa fuera el temor y de que tu conexión permanece fuerte.

Cuando Brittney tenía 16 años, ocurrió algo que nunca pensamos que iba a ocurrir. Nos desconectamos. Fue durante una época en la que nuestra familia se estaba mudando de un pueblo a otro y todos nos estábamos "desconectando" de nuestros amigos y estábamos esperando crear nuevas relaciones en el sitio al que íbamos. Sheri y yo no vimos la que se nos avecinaba.

Era octubre, 2001. Nos habíamos mudado a Redding desde Weaverville. Éramos los nuevos pastores de las familias en la iglesia Bethel. Habíamos dejado nuestro puesto como pastores principales en la iglesia Mountain Chapel, en Weaverville. La vida estaba llena de cambios y de todas las emociones extrañas que aparecen con las mudanzas. Pero, en su mayor parte, la vida parecía ser bastante normal.

Llegué a casa un sábado por la noche después de un duro día de trabajo tratando con los ofensores de violencia doméstica en Weaverville. Ahora tenía que conducir aproximadamente una hora hasta el trabajo y desde el mismo, por lo que no llegué a casa hasta las 8.00 p.m. más o menos. Ambos chicos vinieron corriendo para saludarme. Empezaron a contarme, "¡Papá! Mamá está en el suelo llorando. Entra en casa rápidamente. Brittney no aparece". No podía entender lo que me estaban diciendo. Al entrar en la casa, ahí, sobre el suelo de la cocina, estaba mi amada. Estaba en posición fetal, llorando. Me tiré al suelo para preguntarle qué había pasado. Intentó decir, "Brittney ha desaparecido". Aun después de que me lo dijera, no podía entender lo que eso quería decir. Se levantó del suelo y empezó a contarme la historia.

Alrededor de las 9.00 a.m. Britt se estaba preparando para empezar su día. Iba a ir a casa de una amiga a la que no había visto en varios años. Fue emocionante para Sheri ver cómo iba a volver a conectar con una antigua amiga. Se fue de casa poco después y dijo que estaría de vuelta al mediodía. Britt tenía vehiculo propio, un móvil, un trabajo y toda nuestra confianza cuando salió por esa puerta.

Sheri intentó ponerse en contacto con ella a eso de las 11.00 a.m. para averiguar cuáles serían sus planes para la comida. Dejó un par de mensajes en el móvil, pero Britt no le devolvió ninguna llamada. El teléfono era una novedad para Britt y no era normal que no lo cogiese, mucho menos que no devolviese una llamada. Sheri llamó a la casa de la amiga. "No ha estado aquí", dijo la amiga. Sheri se quedó de piedra, después confusa y por último asustada por lo que estaría pasando.

Llamó a todos los lugares que se le ocurrió, intentando encontrar a alguien que supiese dónde estaba Brittney. Nada. Nadie sabía dónde estaba. Era un sitio nuevo. No había muchos lugares en los que podría estar. ¿Qué estaba pasando?

Finalmente, pensó en llamar a un primo que vive en el sur de California. Acabábamos de ir al sur de vacaciones y habíamos pasado un tiempo con la familia. Tal vez Jake supiera algo. Sheri le preguntó si tenía alguna idea de dónde podría estar. Estuvo callado el suficiente tiempo como para que Sheri pensase que sabía algo. "¡Si sabes dónde está me lo tienes que decir ahora mismo!" dijo: dándole vida a su camión amarillo.

"Conoció a alguien por Internet este último verano. Iba a encontrarse con él en persona en el parque hoy por primera vez", le dijo.

Se quedó helada tras oír esta noticia. "Gracias, Jake". Colgó el teléfono. Esto se había convertido en la mayor pesadilla de cualquier padre. Brittney se iba a encontrar con alguien que había conocido en Internet. Había unos 20 parques en Redding. Llevaba desaparecida 3 horas. Acababa de introducir temor en su relación con Sheri como nunca antes.

Yo estaba fuera y mi móvil no tuvo cobertura durante todo el día. Brittney y yo estábamos usando nuestros dos únicos automóviles. Estábamos en un pueblo nuevo, en una iglesia nueva. No conocíamos a nadie. Sheri estaba teniendo un ataque de pánico. Teníamos algunos amigos que nos podían ayudar: Kris y Kathy Vallotton. Llamó a Kris y le explicó la situación. Mientras hablaba con él, él se volvió a Kathy y le dijo: "Ora, esto es serio". Sheri colgó el teléfono e hizo todo lo que podía hacer, esperar. Esperar a que yo llegase a casa.

Después de oír la historia, llamé a la policía. El oficial empezó a anotar la información. Al describir a mi hija y su automóvil al policía, empecé a absorber lo que estaba pasando. Esto estaba pasando de verdad. Brittney había desaparecido. Se había ido a las 9.00 a.m. y ahora eran más de las 8.00 p.m., ya habían pasado más de nueve horas. Mientras hablaba con la policía por teléfono, el móvil de Sheri sonó. Era Kathy Vallotton. Dijo: "Kris preguntó al Señor dónde deberíamos ir y Él le dijo que a cierto parque. Cuando llegamos, ahí estaba ella de pie junto a un chico. Un chico de 17 años. Kris se acercó a ellos y dijo a Britt que se metiera en el automóvil conmigo. Él va a quedarse a hablar con el chico. Yo tengo a Britt conmigo y vamos de camino a tu casa. Te veo en unos minutos".

Nos sentimos tan aliviados de que estuviera viva y después, de repente, estábamos furiosos. La conversación interna fue, "Bueno, ¡está a salvo! ¡Ahora la voy a matar!" Nos estaba chorreando el temor. Y la gente que tiene miedo quiere el control. Sí, así estábamos. Queríamos desesperadamente controlar a esta niña para que no nos volviera a asustar así jamás. *¡No es divertido!*

Entró en casa con Kathy detrás. La cara de Britt estaba roja y parecía enfadada. Señalé a la sala de estar y ella entró y se sentó. Dimos las gracias a Kathy y ella se fue. Brittney no estaba arrepentida ni lo sentía. Estaba enfadada y a la defensiva, y su comportamiento me estaba confundiendo. Esto no era típico de ella.

Teníamos dos opciones. Podíamos mostrarle nuestro enfado o podíamos mostrarle lo que verdaderamente estaba pasando, esto es, que nuestro corazón se había roto. Recordé que le había aconsejado esto a un amigo que tuvo una situación similar con su hija adolescente. No recordaba que dar el consejo fuese tan difícil como seguirlo. Estaba asustado y dolido como nunca antes. Me sentía vulnerable y confundido. Así que, ahí es donde empezamos.

Sheri se portó maravillosamente bien sentada en silencio durante todo el proceso. Sabía que, después del día que había tenido, esa era su mejor opción. Estuvo observando la mayor parte del tiempo, diciendo alguna cosa de cuando en cuando. Me acerqué a Britt y empecé a decirle que estaba asustado y dolido. Menos mal que sabíamos que cuando alguien hace algo que nos asusta o nos hace daño, es un error mostrar enfado para sentirse poderoso. La respuesta de un ser humano ante el enfado de otra persona es muy diferente a la respuesta ante el dolor o temor de esa persona. Por lo que escogimos la opción B y nos pasamos la noche mostrándole nuestros corazones rotos. Lo hicimos porque sabíamos que queríamos una conexión con ella y ella tenía que saber que sea lo que fuere que le estaba ocurriendo, se había metido en medio de nuestros corazones.

Cuando le pedí que me ayudase a entender cómo habíamos llegado "aquí", su respuesta fue algo como, "Mamá, papá, soy cristiana porque mis padres son cristianos. Soy cristiana porque soy la hija del pastor. Todos mis amigos son cristianos. He ido a una escuela cristiana. Todos los que conocemos son cristianos. Soy cristiana porque todos los que conozco lo son. Quiero averiguar qué más hay. Este libro" -dijo: señalando a la Biblia- "para mí no es más que un montón de historias".

Me preparé para lo que estaba a punto de venir.

"Ya no quiero ser cristiana. Quiero hacer las cosas que hacen otros adolescentes. No sé qué hay de malo en eso. Y sé que no es algo que se me va a permitir hacer". Siguió diciendo: "Nadie puede imaginarse la cantidad de presión bajo la que vivo por ser hija de cristianos. Todo el mundo piensa que se supone que debo ser perfecta. Bueno, ¡no lo soy! Y no creo que debo vivir como lo estoy haciendo".

Hasta este momento, había pensado que esa estaba siendo la peor noche de mi vida. Pero después de que hubiese destapado ese asunto, no estaba seguro de cómo íbamos a recuperarnos. Era como si el suelo hubiese desaparecido y estuviese volando por el espacio. No sabía qué hacer. Todos mis años de aconsejar a padres, de alguna forma, se disiparon. Me quedé ahí sentado en silencio mientras oraba mi oración favorita de todos los tiempos, "Jesús, Jesús, Jesús, Jesús, Jesús, Jesús".

No podía recordar muchas cosas, pero sí podía recordar que tenía que luchar para permanecer conectado al corazón de mi hija. E iba a luchar. Me acerqué más a la que me estaba asustando y haciendo más daño de lo que nadie me había hecho nunca. Me senté a sus pies y le dije: "Britt, no tenía ni idea de que nada de esto te estuviese pasando. Lo siento. Debería haberte prestado más atención. No tenía ni idea de que estuvieses sintiendo esta presión. Pero esto es lo que tienes que entender. Tengo una verdadera prioridad en mi vida. Es asegurarme de que tú, tus hermanos, tu madre y yo, todos acabemos juntos al otro lado cuando todo haya sido dicho y hecho. Así que, si estoy haciendo algo que dañe nuestra conexión o si lo que hago para vivir te está poniendo bajo mucha presión, entonces lo dejo. Mañana voy a buscarme otro trabajo. Puedo encontrar trabajo en cualquier lugar. Y ahí se acaba el asunto. Te amo y siento no haberme dado cuenta de todo esto".

Todos nos fuimos tarde a la cama ese sábado. La mañana siguiente, como habrás adivinado, era domingo y tenía que ir a trabajar. Tenía responsabilidades. Habíamos venido en calidad de pastores de las familias en la iglesia Bethel y solo había estado allí un mes. Estábamos ahí para enseñar a las familias cómo se vive y habíamos estado diciendo a la gente cómo hacerlo durante años. Ahora, de repente, nos estábamos enfrentando a la pregunta de cómo lo íbamos a hacer nosotros, en una situación con la que nunca nos habíamos encontrado y que estaba completamente fuera de nuestro control.

Gloria a Dios que no tenía que predicar esa mañana, porque cuando íbamos por la mitad de la adoración, no me pude aguantar más. Brittney se había quedado en casa y me fui de la reunión para estar con ella. Estaba sentada en el sillón viendo una triste película de chicas, de las que hacen llorar, y entré y me senté a su lado. Coloqué sus piernas sobre las mías y no dije ni una palabra. Ella no dijo ni una palabra. En realidad no sabía qué hacer aparte de esforzarme por convencerla de que la amaba mucho y de que mi prioridad era estar conectado con ella.

Aunque estábamos asustados, sabíamos que era el momento en el que Brittney, que había estado sirviendo al Dios de sus padres, encontrase al suyo. No es tarea fácil dejar a tu hijo ir y decirle, "Encuentra a Dios". Los días parecían años y las semanas décadas. No iba a la iglesia. No hizo muchas cosas que nos hubiese gustado verla hacer. Pero no era irrespetuosa, no nos evitó y no fue castigada. Intentamos permanecer conectados a través de la cosa más dura por la que jamás habíamos pasado. Y, al final, fuimos bendecidos. Después de cuatro meses intentando dilucidar las cosas, tomó la decisión de seguir al Señor. Hasta hubo un final de cuento de hadas; Ben vino desde Australia, montado en su caballo blanco, la subió con él y desde entonces viven felices. Pero fue el momento más aterrador de nuestras vidas.

Comparto esta historia para mostrarte que no hay garantías. Estoy seguro de que lo sabes. Sheri y yo no tenemos una vida de ensueño. Como tú, estamos usando todos nuestros recursos para permanecer conectados con estas personitas a las que tanto queremos, que tienen sus propias decisiones que tomar. Por esto es tan importante que entiendas cuál es tu meta como padre y desarrolles las herramientas necesarias para alcanzarla. La meta no es que se limpien la habitación; es fortalecer la conexión de nuestro corazón. Tratamos con lo de la habitación, pero si perdemos la conexión, hemos perdido lo grande. Tal vez ganemos una batalla, pero hemos perdido la guerra. Tenemos que aprender a permanecer conectados con sus corazones a la vez que les enseñamos a pensar, a solucionar problemas, a ser responsables, a ser respetuosos, a ser amorosos. Y tan solo puedes permanecer conectado con sus corazones cuando sabes cómo conectarte y cómo proteger esa conexión.

Guiado Por Tu Ojo

También comparto esta historia porque sé que uno de tus mayores deseos como padre cristiano es guiar con éxito a tus hijos para que tengan una relación con Dios. Titubear en la consecución de esta meta es seguramente uno de los mayores temores que tenemos como padres. Es mi convicción que las herramientas que he estado presentando en este libro son las claves para conseguir este objetivo, porque hay formas de relacionarse que se derivan directamente de la manera en la que Dios se relaciona con nosotros en el Nuevo Pacto. Como he dicho, creo que cuanto más se parezca nuestra manera de amar a nuestros hijos a como Dios ama, más preparados estarán y más fácil les será dar el paso para amarlo a Él.

Recuerda, en el Nuevo Pacto somos gobernados internamente mediante el ejercicio del dominio propio. Pero el dominio propio se ve impulsado por tus valores, por las cosas importantes para ti. Muchas personas piensan que el dominio propio es la habilidad de decir no a las cosas malas. Pero yo creo que el dominio propio es mucho más positivo. Lo defino como la habilidad de decir sí a algo de manera tan completa que todas las demás opciones se eliminan, incluyendo las cosas que no son necesariamente malas en sí mismas pero que te distraen a la hora de alcanzar la cosa que es más importante y de más valor para ti. La gente que tiene dominio propio, ha identificado cuál es su prioridad, y el valor que le dan los motiva a perseguirla llegando a excluir todo lo demás.

Hay suficientes atletas, propietarios de negocios, profesionales, artistas y animadores en nuestra sociedad que ejercitan niveles extraordinarios de disciplina para poder conseguir sus metas. Pero cada creyente ha sido llamado a algo muy diferente y mayor que la mera consecución de algo. Hemos sido llamados a ser hijos de Dios. Nuestra primera identidad y prioridad se encuentra en una relación restaurada e íntima con nuestro Padre. Es a través de esta intimidad que debemos dar fruto y madurar como hijos iguales a Jesús. Es mediante esta intimidad que damos el fruto del dominio propio. Cuanto más profundamente llegamos a conocer al Padre, más crece nuestro valor interno por la conexión con Dios, y es este valor el que nos motiva para aferrarnos a un estilo de vida que construirá y protegerá esa conexión.

Quiero repasar lo que dice el Salmo 32:8-9 sobre la manera en la que Dios quiere que Su conexión con nosotros sea lo que nos dirija:

Te haré entender, y te enseñaré el camino en que debes andar; ***sobre ti fijaré mis ojos***[7]*. No seáis como el caballo, o como el mulo, sin entendimiento, que han de ser sujetados con cabestro y con freno, porque si no, no se acercan a ti.*

[7] Nota de la traductora: en la versión inglesa utilizada dice, ***"...te guiaré con mi ojo"***

La segunda parte del versículo es muy fácil de entender. El caballo y la mula requieren que los dirija una fuente externa de control. Dios no quiere que seamos controlados externamente, sino que seamos guiados por Su *ojo*. Ahora bien, piensa en eso durante un momento. ¿Te ha abofeteado alguna vez un ojo? No. Entonces, ¿cómo nos dirige Dios con Su ojo? Los ojos son las ventanas del corazón. Dios nos dirige haciéndonos saber cómo afectan nuestras decisiones a Su corazón. Cuando tomamos decisiones que violan nuestra conexión con Él y violan lo que somos, el Espíritu Santo nos convence, con un mensaje que básicamente dice: "Oye, mira en los ojos de Papá. ¿Ves cómo lo que estás haciendo está rompiendo Su corazón?" Desafortunadamente, si seguimos pensando como mulas, malinterpretamos la convicción del Espíritu Santo pensando que dice, "Oh, Dios se está enfadando. Está a punto de darte un azote si no rectificas y vuelas bien". Pero eso no es la convicción. Efesios 4:30 dice: "No contristéis al Espíritu Santo de Dios". Nuestros pecados dañan Su corazón. Y cuando dañamos Su corazón, nos invita a mirar en Sus ojos para ver que Él confía en nosotros desde Su corazón, y confía en que la estima que tenemos por Su corazón nos dirigirá.

Es el mismo tipo de relación que he intentado cultivar con mis hijos. Hace unos años, volví a casa después de un viaje y me di cuenta de que no habían segado el césped. Esto ocurrió durante las vacaciones de verano, cuando segar el césped era el trabajo de Levi. Le pregunté: "Oye, amiguito, ¿ves el césped?"

Dijo: "Sí, sí".

Pregunté: "¿Qué piensas?"

"Sí, necesita que se siegue".

Dije: "Ah, bien. ¿Cuándo vas a hacerlo?"

"Bueno, esto... ¿mañana?"

Dije: "Mañana es perfecto. Maravilloso. Muy bien".

Volví a casa al día siguiente y el césped seguía igual y él estaba haciendo lo que fuese. Vino a casa y dije: "Oye, amiguito, he vuelto a casa hoy y el césped tampoco estaba segado".

Dijo: "Lo olvidé".

Dije: "Sí, lo sé. ¿Te gustaría que se me olvidase que tienes algunas cosas que necesitas que yo te compre para el fútbol?"

"No".

"Entonces, ¿cómo piensas que me siento cuando se te olvida hacerte cargo de algo que es importante para mí y que me dijiste que ibas a hacer? ¿Cómo crees que me siento?"

Dijo: "No muy bien. Dolido. Lo siento".

"¿Qué vas a hacer?"

"Voy a segar el césped".

"¿Cuándo?"

"Por la mañana".

Dije: "Está bien".

Dijo: "Papá, lo siento".

Le respondí: "Te perdono".

Cuando llegué a casa el césped estaba segado. Creo que hasta lo hizo por la mañana. Sin gritos, ni amenazas, ni sobresueldos. No tenía la actitud que dice, "No me lo puedo creer. Tienes todo el día. Yo trabajo; tú no. Soy sorprendente; tú un perezoso". Sencillamente me miró a los ojos y vio mi corazón, y eso le importa porque estamos conectados por el corazón. Puedo guiar a mi hijo con mis ojos porque confío en él. Confío que Levi se preocupa por mi corazón, razón por la que se lo muestro. La preocupación que Levi tiene por mi corazón lo guía.

Si no le importase mi corazón, entonces no le hubiera importado que yo se lo mostrase. Y si no le importase mi corazón, entonces el césped no importaría. Tu única esperanza para influir en tu adolescente es mediante una conexión de corazón. No puedes gobernar a un adolescente mediante reglas, pero los niños pueden empezar a crecer, tu influencia se verá determinada por el valor que tus hijos han puesto en la relación que tienen contigo. Si las luchas de poder han dañado tu conexión, entonces seguramente no les importarán cómo te afectan sus decisiones.

Educar a un adolescente es como volar una cometa en un día de viento. Los adolescentes son llevados de acá para allá por la cultura, la presión de sus iguales y las hormonas; y la cuerda es mi conexión con mi adolescente que va desde mi corazón al suyo. Si esa cuerda está deshilachada por las luchas de poder y la falta de respeto, la fuerza contra la que tiene que lidiar será demasiado fuerte. No pasará mucho tiempo antes de que *¡zas!* se parta la cuerda, y allí va mi hijo dirigido por las fuerzas de este mundo. Y el que más lo quiere influenciar, el que más lo ama, el que tiene estas joyas de sabiduría para ofrecerle, se desconecta. Queremos aprender a fortalecer la conexión de corazón que tiene nuestro hijo con nosotros para que podamos dirigirlo con nuestros ojos. Cuando mire en nuestros ojos, sabrá, "Oh, lo que estoy haciendo está afectando a tu corazón. Te está haciendo daño. Lo siento". Se conduce de una manera que nos honra. Esto es gobernar de dentro hacia fuera.

La Verdadera Sumisión

La sumisión es una señal de conexión de amor. No tiene nada que ver con la presión externa. La verdadera sumisión dice: "Me conduzco para honrarte y para darte poder en mi vida. Decido permanecer conectado contigo". Creo que la verdadera sumisión es la clave para convertirnos en todo lo que podemos llegar a ser. Una de las razones por las que Dios ha hecho tanto para proteger nuestra libertad, es que solo podemos convertirnos en aquello para lo que nos ha creado mediante una sumisión no forzada a lo que es importante para Él. Se llama fe. Tal vez no entendamos Sus razones al pedirnos que hagamos una cosa en particular, pero ya que tenemos una conexión de amor con Él, confiamos en Él y nos sometemos a lo que quiere porque es importante para Él. Esto es lo que quiso decir cuando dijo: "Si me amáis, guardad mis mandamientos" (Juan 14:15). La verdadera obediencia solo puede surgir del amor. La obediencia es lo que saca el oro que hay en nosotros.

De la misma manera, creo que sin verdadera sumisión y sin una obediencia que fluye por la conexión de amor que tenemos, nuestros hijos no podrán realmente crecer y desarrollarse en el potencial que vemos y que deseamos sacar de ellos.

Hace unos años, Levi suspendió la mitad de los exámenes de acceso que se hacen en bachillerato. Su consejero escolar nos notificó que tendría que volver a examinarse de uno de estos exámenes. Le había faltado un punto para aprobar.

Al acercarse la fecha del examen, le pregunté si estaba estudiando para ese examen.

Me dijo: "Es una tontería. No me importa lo que saque en el examen. La última vez solo hice dibujitos en la página que me dieron".

"¡Vaya!" -Pensé para mis adentros- "¿y solo suspendiste por un punto? Mmmm". -Pero en voz alta dije- "Amiguito, oye, este es el trato. Creo que piensas que ésta es una manera de medir tu inteligencia. No lo es. Está midiendo tu disposición a intentarlo.

Sé que no es divertido pero es muy importante para mí que estés dispuesto a intentarlo. No me importa cómo te salga el examen. ¿Sabes qué? Te apuesto a que no conoces a nadie, ni siquiera el director, que te pueda decir qué sacó en este examen. ¿Sabes qué sacaste el año pasado? ¿Sabes qué sacó Taylor? No sé ninguna de mis notas. Nadie lo sabe. Es un gran secreto. Se guarda donde vive el Mago de Oz. A no ser que seas un genio, a nadie le importa el resultado. Pero lo que sí importa es si lo vas a intentar cuando las cosas se pongan difíciles. Saber que a veces te tienes que enfrentar con las cosas que te asustan, es una lección importante de la vida. No permitir que el fracaso controle tu vida es parte de convertirse en un hombre. Esa es la lección que quiero que aprendas. Eso es importante para mí. ¿Qué vas a hacer?"

Dice: "Detesto cuando dices eso".

"Seguramente".

"No sé lo que voy a hacer, papá".

Dije: "Bueno, cuando lo pienses, necesito que hables con tu consejero y le digas lo que decidas".

Volvió a hacer el examen. La siguiente sección que tenía que hacer era de matemáticas, lo que peor se le da. Después me contó, "Sabes, miré cada problema y no sabía hacer la mayoría. Pero intenté hacer cada uno de ellos".

"¿Cómo piensas que te fue?" pregunté.

"No lo sé, pero esta vez lo intenté".

"¿Cómo te sientes al haber actuado así?"

"Mejor. Mejor que haciendo dibujitos en el papel".

Su corazón está unido a mi corazón y mi corazón está unido

al suyo. Eso es lo que en realidad me importa. No me importan sus notas. Me importa si va a intentarlo con todas sus fuerzas sin importar lo alta que sea la montaña que haya en su vida. Eso es lo que me importa. Yo sé que puede hacerlo y, si él sabe que puede hacerlo, le va a ir bien. Le puedo pedir que reaccione ante lo que a mí me importa antes de que lo entienda porque tenemos una relación de confianza, amor, respeto y honor.

Obviamente, debemos tener una relación para poder hacer eso porque, de no ser así, se percibiría como castigo vengador. Pero cuando tienes una relación, puedes permitir que la persona vea tu corazón a través de tus acciones al igual que de tus palabras. Personalmente, creo que es mejor si puedes decir sin más, "¿Sabes qué? Si no te esfuerzas lo suficiente dañas mi corazón. Sé que puedes hacerlo mejor". Pero utiliza la sabiduría para saber cuándo hay que usar más que palabras.

Previniendo Problemas

Para terminar, me gustaría señalar que puede resultarte fácil leer este capítulo y pensar que mantener una conexión de amor con tu hijo tiene que ver con la confrontación y la silla de recapacitar. Muchas personas no saben cómo hacer esto bien, por lo que merece la pena aprender. Al igual que estamos aprendiendo como sociedad en el tema de la salud, la mejor manera de vivir es previniendo, adoptando un estilo de vida saludable que creará un entorno en el que los problemas no tienen la tendencia a repetirse continuamente. Cuando los problemas surgen, una persona saludable puede volver a la normalidad mejor y más rápidamente.

La única forma en la que pueden funcionar muchas de estas herramientas utilizadas para arreglar problemas, es si como padre, has hecho una prioridad de las relaciones de tu familia y estás invirtiendo tu tiempo y energía en esas relaciones. Solo pueden funcionar si estás creando de forma proactiva ese entorno de amor en tu hogar con tus palabras y tus acciones. La mayoría de nosotros estamos familiarizados con las cosas sencillas que ayudan a construir una relación; servirnos los unos a los otros, reírnos juntos, hablar, colaborar, animarnos y consolarnos. Como creyentes, también tenemos tanto el privilegio como la responsabilidad de reconocer y reclamar el destino divino en los demás. Cuando edificas y te deleitas en los demás de esta forma, estás haciendo que el valor de tu relación aumente. Y es este valor, el que proviene de disfrutar y de servirse los unos a los otros, el que aclarará las decisiones que tus hijos estén dispuestos a tomar cuando haya un problema.

Mi exhortación final es que estés continuamente buscando formas en las que ser cada vez un amante más extravagante en el hogar. Amar a propósito, como lo hace Dios:

> *"Observa lo que Dios hace para después hacerlo, como hijos que aprenden de sus padres a comportarse correctamente. A lo que más se dedica Dios es a amarte. Permanece en Su compañía y aprende una vida de amor. Ve cómo Cristo nos amó. Su amor no era cauto sino extravagante. Él no amó para obtener algo de nosotros sino que se dio por completo a nosotros. Ama así".* (Efesios 5:1-2 TM)

Últimas Cuestiones A Considerar

1. ¿Has intentado crear un espacio en el que tus hijos pueden hacer valer lo que quieren para así poder influir en tus decisiones de una forma correcta?
2. ¿Has intentado utilizar la vergüenza y las órdenes para hacer que tus hijos se sientan mal por sus errores? ¿Por qué es más difícil, aunque más eficaz, mostrarles un corazón roto?
3. ¿Eres una persona que necesita tener siempre las respuestas? ¿Qué debes hacer para aplazar tu necesidad de tener razón cuando se trata de permitir a tus hijos que descubran cuál es su problema y piensen en una solución para arreglarlo?
4. ¿Por qué es tan vital que tu hijo sepa que, en medio de su fracaso, crees en él?
5. ¿Cuál es la diferencia entre castigar a la gente por crear un desastre e ir y artreglarlo tú mismo?
6. ¿Cuáles son algunas de las cosas en las que deseas que tus hijos se desarrollen pero que solo harán si tienen una conexión de corazón a corazón contigo?

Recursos

Amando a Nuestros Hijos a Propósito
Video y Audio Sesiones de Enseñanza y Manual

Por favor visite: www.LovingOnPurpose.com

Ahí obtendrá una manera fresca de ver la antiquísima tarea de ser padres. *Amando a Nuestros Hijos a Propósito* presenta los principios del Reino de Dios y del avivamiento a nuestra estrategia como padres. Esta enseñanza de seis horas está disponible tanto en DVD como en CD. También tiene un manual para usar en clase o en grupos pequeños.

Definiendo la Relación
Un Curso Prematrimonial para Aquellos que
Están Considerando el Matrimonio

Por favor visite: www.LovingOnPurpose.com

En esta serie de nueve sesiones, se encontrará tanto el estilo distendido de Danny a la hora de hacer la presentación como la seria lista que las parejas deben considerar cuando se enfrentan a los debates sobre el matrimonio. La meta de esta serie es impartir *valentía;* valentía para atravesar las desafiantes realidades de la relación o valentía para abandonar dicha relación.

Lecturas Recomendadas

Cultura de Honor por Danny Silk

Cara a Cara con Dios por Bill Johnson

Cuando el Cielo Invade la Tierra por Bill Johnson

De Mendigo a Príncipe por Kris Vallotton y Bill Johnson

El Poder Sobrenatural de una Mente Transformada
por Bill Johnson

Fortalecidos en el Señor por Bill Johnson

Revolución Moral por Kris Vallotton